U0067561

普天之下・盡是好書
普天出版家族
Popular Press Family
凌雲
A-Plus Creative Company
文創

要推銷東西，

在注重自我行銷的商業社會裡，
說話已經成為專門藝術，
說話的能力決定一個人做成多少生意。

THE ART OF COMMUNICATION

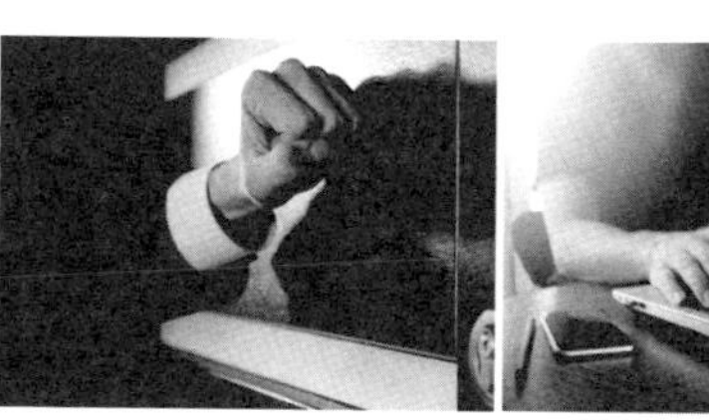

先推銷你自己

說話能力
決定你能做成多少生意

的確，具有良好的口才，表達能力強又彬彬有禮的人，
必然是商場上的常勝軍。
如果你想成功地推銷東西，就必須先學會推銷自己，
掌握好銷售時的應對藝術，鍛鍊自己的說話能力。

易千秋——編著

●出版序●

說話能力決定你能做成多少生意

細心研讀並靈活應用商場語言，會使你成為一個精明的商人、出色的推銷員、成功的企業家，談成別人談不成的大生意。

易千秋

美國口才專家鮑特說：「在注重自我行銷的商業社會裡，說話已經成為專門藝術，說話的能力決定一個人做成多少生意。」

的確，具有良好的口才，表達能力強又彬彬有禮的人，必然是商場上的常勝軍。如果你想成功地推銷東西，就必須先學會推銷自己，掌握好銷售時的應對藝術，鍛鍊自己的說話能力。

口才是現代社會必備的競爭資本，「把話說得更巧妙，把意見滲透到別人

心裡」更是商業社會的成功之道，唯有具備了良好的說話能力，才能在商業社會裡遊刃有餘。

一位剛應聘進某百貨公司服裝專櫃的女店員，雖然在工作時笑容可掬、和氣親切，業績卻始終不怎麼樣。

她始終不明白，爲什麼路過的人多、看的人少，更糟糕的是，往往她一開口介紹，連那些挑挑揀揀的人都馬上放下衣服離開。

主管也同樣感到疑惑，特地找一天前來專櫃實地了解。

不久，一位衣著時髦的少婦走來，對著穿在模特兒身上的洋裝，躊躇再三，似乎有些心動。那位專櫃小姐一心想要趕快促成生意，便上前說：「這件衣服銷路很好喔！光是今天一早，就賣掉了好幾件。」

沒想到適得其反，那位少婦一聽，扭頭就走，心想既然大家都買，要是穿出去撞衫多麼尷尬，還是算了吧！

一段時間之後，又來了一位中年婦女，拿起一件設計新潮的背心，似乎相當中意。專櫃小姐見狀，馬上又勸說：「這件衣服很有特色，一般人恐怕還穿不了呢！上市之後，一件都沒有賣出去，看來就是適合您這樣的人啊！」

那位中年婦女一聽，竟以爲對方在挖苦自己，立刻漲紅著一張臉，氣鼓鼓地快步離開。

爲什麼這位敬業的專櫃小姐做不成生意呢？說穿了，就在於推銷技巧太差，完全不懂得「見什麼人，說什麼話」。

若是無法摸清顧客心理，不能因人而宜、恰如其分地打動人心，絕對不可能達到理想成績。言語的影響力遠比想像來得大，可以說，一件商品或一項服務的加分減分，往往都與售貨員的說話技巧脫不了關係。

身爲服裝專櫃的售貨員，若是逢人就說：「這件衣服您穿上去，一定更顯年輕。」或許可以滿足部份顧客的虛榮心理，但也可能不知不覺中得罪部分實際年齡並不大的顧客。

所以，與其說語言的運用是一門技術，倒不如說是一種藝術，因爲一句話

可以讓人跳，也可讓人笑，端看運用是否高明。

如果不能掌握顧客的心理，不能針對他們的需求切入，無法做到「見什麼人，說什麼話」，便難保不會說出「讓人跳腳」的糊塗話。

面對不同的景況和不同的交談對象，運用最正確的說話態度和語言技巧，往往可以幫助我們快速達成目的。相反的，如果無法掌握說話藝術，非但浪費唇舌，無法達成自己想要的目的，還可能造成彼此誤解，衍生不良後果。

綜觀現代社會，無論是政界、商場或其他任何領域，想要無往不利，就必須增強自己的說話能力。懂不懂得說話，正是成功的關鍵。不管從事什麼行業，都得訓練自己的說話技巧，讓自己說出的每句話，都爲自己帶來好運氣。

細心研讀並靈活應用商場語言，會使你成爲一個精明的商人、出色的推銷員、成功的企業家，談成別人談不成的大生意。

本書詳列了商業社會中各種常見的場景，只要勤加演練，就能用正確的方式增強自己的應對能力，增添自己的魅力與說服力。

PART 1 讚美，讓語言更美

善用語言的藝術，可以有效提昇自己的推銷技術，鞏固人際交往，但也要小心別誤觸對方的「地雷」。

PART 2 輕易說「不」，必然會傷害客戶

購買產品或服務，因為必須支付代價，必定更期望得到尊重，這種需求是可以理解並預知，設法妥善滿足的。

PART 3 「激」出語言的最大魅力

同時展現出負責的態度、誠懇的語言、深切的感情，就是感染並激化買方，促使買賣成功的最好方法。

PART 4

要說，就說貼心話

採繞道方式進入正題，是降低戒心的好方法，較可能使顧客高興地接受商品，滿意而歸。

PART 5 讓說出的每一句話都奏效

一句話看似簡短，說得好能讓你的推銷加分，如果句句正中紅心，一場對話累積下來，客戶非你莫屬。

PART 6

與其發怒，不如使出「忍術」

對說「這個不好」、「那樣不對」的人，最重要的是讓對方儘量把話說完，再抓住時機反駁，進一步掌握有利勢頭。

PART 7

言語彈性，提高成功的可能性

把「見什麼人，說什麼話」當作座右銘吧！它將會是強大的秘密武器，助你縱橫各領域，與不同類型對象順利交往。

PART 8 要推銷東西，先推銷自己

想要取得顧客好感，第一次上門的時候就要讓他第一眼就喜歡上你。首先要注意儀表，得體的服飾、儀容，週到的禮節，溫和積極友善的態度，都是建立良好的第一印象的要素。

PART 9 當心對手迎頭痛擊

一個對本身責任區域的地理環境不甚瞭解，或漠不關心的銷售人員，很容易慘遭競爭對手迎頭痛擊。

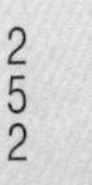

1. PART 讚美，讓語言更美

善用語言的藝術，
可以有效提升自己的推銷技術，
鞏固人際交往，
但也要小心別誤觸對方的「地雷」。

用不著痕跡的方式做生意

只一味抱持促銷態度，將使得雙方對話無法成立、延續，甚至讓顧客產生反感。如此一來，想當然爾，什麼生意都做不到。

曾有一位經驗老到的推銷員這樣說：「顧客的鈔票，正是最佳推銷員的『選票』。身為一個推銷員，能賺的錢越多，便說明你越出色。」

然而，賺錢不是一件容易的事情。從別人的口袋裡掏錢，總是會讓對方產生心痛的感覺。所以，一個眞正出色的推銷員，要能夠利用心理戰術，使顧客心甘情願地掏腰包。

舉例來說，若在觀光時順道前往一家商店，才踏進門，所有店員馬上一擁而上，拿出最昂貴的商品，極力推銷，必定會讓內心產生被強迫購買的反感。

店員越是熱心，可能激起的反感就越是強烈。

這種推銷能產生好效果嗎？答案絕對是否定的，非但達不到目的，還會適得其反，嚇得顧客從此不願再踏進店內一步，四處告訴別人自己的慘痛經驗。

身爲店員，究竟該怎麼「下手」才好？

此時，店員與顧客的對話，應離開「推銷」兩字，轉而由一些比較輕鬆的、和旅遊相關的、可以引起愉快回憶並拉近彼此距離的事情下手，例如詢問顧客這一趟打算玩幾天、計劃在什麼地方過夜、將拜訪哪些名勝古蹟……等等。

對話可以如此開始：「您是什麼時候出發的啊？打算玩幾天呢？唉呀！既然都大老遠來到這個地方，去了那座最有名的山沒有？還有，我們這裡最好吃的名產也別忘了帶上一點回去，無論是當紀念或者贈送親友都……」

你會驚訝地發現，從旅行時的樂趣切入，成功的可能性比一味猛推銷要高得多。店員能打開顧客的話匣子，而顧客的樂趣、興奮也可傳遞出來，引起彼此共鳴。透過交談，不知不覺達成推銷目的，是非常高明的方法。

或者，也可以用「建議」方式著手，向顧客說：「住七天啊？那您的東西可得妥善分類裝好才行。這個小包正好適合呢！下車欣賞景點的時候可以裝所有隨身物品，還有足夠空間，就算買了紀念品也不用擔心放不下。」

如此，不僅皮包、皮箱和一些輕便隨身小包可望賣出，其他關聯性商品也能搭「順風車」出售。

若身爲經理，應當灌輸店員們正確觀念，若身爲店員，則應以正確觀念導正自己的做法——只一味抱持促銷態度，將使得雙方對話無法成立、延續，甚至讓顧客產生反感。

如此一來，想當然爾，什麼生意都做不到。

見什麼人，說什麼話。畢竟，得先讓別人愛聽你說的話，才可能進一步達到自己的目的，不是嗎？

凡開口，就該對承諾信守

產品銷售，需要成功的廣告和宣傳手段，但最能打動人心、最受顧客歡迎，還是可靠、守信的態度和服務，真誠易感動人的言語。

千萬不要輕易許諾，因爲一旦許了諾言，便無論如何都要信守。必須給人一種遵守諾言的印象，這樣，自身的產品與服務才會受到注目。

信守諾言是一種美德，但有許多生意人對自己說過的話根本不在乎，不當一回事。結果，當然因爲不負責任，在顧客心中留下極差的印象。

如果你說過要做某件事情，就一定得辦到，要是辦不到，或覺得可能得不償失，或根本不願意去做，就絕對不可以開口承諾。若是沒有把握，你大可以找任何藉口來推辭，但絕不要說「我試試看」，要知道，說了試試看而又沒有做到，留給對方留下的印象絕對不可能有多好。

你的信用能否給予顧客良好印象？你是否信守自己的諾言？你是否總太輕易許下承諾？你值不值得他人委以重任？還是說，總忘掉別人委託之事？當顧客打聽公司產品的相關資訊時，你傳達了多少錯誤消息？或者，顧客向你索取樣品，種種關於宣傳的簡介，你卻提供根本不實或過期的資料？

無論以上哪一種，都是非常要不得的行爲。

信守約定，聽來似乎簡單，眞正做起來卻相當困難，只要稍有疏忽，就可能無法兌現。有時候，你可能自作聰明地認爲別人不需要你的服務，或抱有僥倖心理，認爲顧客一定能夠原諒自己犯下的疏失，種種心態都明白顯示了自身的逃避、消極，只會讓人更加看不起。

這樣的經商者，無論作爲領導者或者小店員，可能受到顧客信賴嗎？說出來的話，能夠打動他人嗎？非常值得懷疑。

所以，和顧客面對面交談時，千萬別輕易許諾，而一旦許了諾，便絕對遵守。秉持這樣的態度，顧客就會爲你所打動，認爲你是一個守信者，從而產生

信賴、依靠，相信並願意聆聽你說出的每一句話。如此，在生活中、在商場上，自然戰無不勝，攻無不克。不論在任何場合，自身信用越好，就越能成功地將服務或產品推銷出去，從而開拓更多客源，累積更豐厚人脈。

所以，你必須重視自己說過的每一句話，講話算數的人總是比較容易在社會立足，而食言則是最不好的習慣。

不管你所推銷的產品是哪一種，不管你使用的推銷策略如何，總要對自己所說的話負責，藉行動去說服顧客的異議，讓他們親眼看到你的所做所爲全出於他們的利益。爲了遵守諾言，你必須放棄自身利益，以求以一種可信、値得尊重的面孔出現。

在推銷服務或產品時，可曾遵守「言出必行、不打誑語」的美德？如果以前沒有，請從現在開始執行，你將發現自己的成績比以往更好。

產品銷售，需要成功的廣告和宣傳手段，但最能打動人心、最受顧客歡迎的，還是可靠、守信的態度和服務，以及眞誠易感動人的言語。

喊出名字是關係建立的開始

讓陌生人成為朋友，以言語打動他人的兩大原則，就是記住對方的姓名，並真心付出關懷。

「人類行爲雖複雜，其中卻包含一個極重要的法則，遵從這個法則行事，大概不會惹來棘手的大麻煩。甚至進一步說，如果我們遵守這個法則，便可以得到許多友誼和快樂。」

「這個永恆不滅的法則，就是『時時讓別人感覺自己的重要』。你若是能準確投合人性最深刻的渴求，就等同在對方的感情帳戶內，存入更多有利於生意成交的資本。」

以上是一位心理學家的說法，運用到商業經銷領域，重點很明確，就是「讓

顧客感到自己備受重視」。

達到這個目的的方法很多，最重要是由兩個面向著手：

●記住名字

名字所象徵的意義，不僅僅是一種代稱，喊出對方的名字，他們會感覺聆聽到世界上最悅耳的音符。

可以說，名字是構成個人身份和自尊最不可或缺的要素。人性天生的本能告訴我們，那些能夠記得自己名字的人，一定相對較重視自己。

所以，要想以言語敲開他人緊閉的心門，與很難打交道的客戶建立關係，最簡單也最有效的辦法，就是記住他們的名字。

每當和陌生人或潛在的事業夥伴進行接觸，一定要想辦法探聽出對方的名字，而且務求正確。

然後，在談話過程中，你要盡可能地讓自己一有機會就提及他的姓名，以強調對他的重視。

聰明的生意人懂得見什麼人，說什麼話，而毫無疑問，自己的「名字」是人人都愛聽的話。

發萊，一個從未受過中學教育的人，在四十六歲那年當上了美國民主黨全國委員會主席，甚且成功地幫助羅斯福登上美國總統的寶座。

他的成功秘訣是什麼呢？

出乎意料，答案竟在於「能夠叫出五萬人的名字」。

無論什麼時候，只要遇到不認識的人，他都會問清對方的全名、家裡人口、職業以及政治傾向，然後牢牢記住。

下一回再遇到那個人，即使已經過了很長一段時間，仍能拍拍對方的肩膀，問候他的妻子兒女，甚至後院栽種的花草。

做到這種地步，有那麼多選民願意追隨，也就不足為怪了。

李小姐是一位經驗老到的業務員，剛剛接手一個地區的業務，立刻前往拜訪一位可能的客戶。

走進某企業的辦公大樓後，她直接找到總經理辦公室，非常自信地走向秘

書小姐，伸手說：「您好，敝姓李，請問您是？」

秘書小姐自然不得不伸出手說：「我姓張，請問您有什麼事？」

一來一往之間，李小姐巧妙地得到了對方的名字，並在接下來的談話中不斷提及，立刻讓秘書小姐有一種受到重視的感覺，之後，再請她幫忙安排時段，引見總經理，也就容易許多，甚且順理成章了。

身為一位推銷員或業務員，或者店員，在和陌生人打交道之前，請千萬記住——沒有什麼比記住顧客的名字更重要。

● 真誠關心

《伊索寓言》中有一句名言：「太陽的溫和炎熱，要比驕傲狂暴的北風，更容易脫去行人的外衣。」

所有經商者都必須認清，顧客絕對不是敵人，更不是討厭的傢伙，而是自己的朋友，或者更直白一點形容，就是「衣食父母」。所以，要做到的很簡單，就是把注意力從「我」轉到「您」身上，把每一個和自己交談的陌生人都當作

「朋友」來關懷，竭盡所能，去體會他的喜怒哀樂，解決他的問題，滿足他的需求，說他喜歡聽的話。

只要讓對方覺得你是真心對他好，當然會讓你得到應有回報——一筆成交的生意和真正發自內心的感謝。

關心別人，並讓別人明確感受，必須做到：

1.真誠自然地對他人心存感激。

2.來到任何一個環境，都不忘向在場的每一個人打招呼。

3.用熱誠、有精神的態度向人致意。

4.設身處地去了解、體會對方的困難與需求。

5.投入時間與精力，為他人多做一些事。

比如，一位孤身在外闖天下的人，常常會在假日或節慶時感覺寂寞孤單。那麼，多打幾次電話，或者請他出來參加聚會，將有如雪中送炭般及時，足以讓他銘記在心裡。

如果你聽到客戶驕傲地談起孩子在繪畫比賽中獲獎，下次見面前，不妨挑

一本好的畫冊或一盒好的顏料作爲禮物餽贈，一點小小心意，將是最好的恭維。做到這種地步，還怕對方拒你於千里之外嗎？

關懷是一條雙向道，在付出的同時得到收穫。你的誠摯關懷將會如同一股暖流，不斷灌入對方的心田，讓友誼的種子生根發芽，結出令人欣喜的果實。

讓陌生人成爲朋友，以言語打動他人的兩大原則，就是記住對方的姓名，並眞心付出關懷。

毫無疑問，名字，就是顧客愛聽的話。

技巧傾聽，將距離拉近

期望事業成功，人際關係順利，走遍四方，無往而不利，就要訓練自己聽別人想說的事情，說別人喜歡聽的話。

設身處地想像一下，如果你在向顧客推銷、介紹某樣產品時，不斷地遭到打斷或爭辯，又或者對方一邊聽、一邊做著別的事情，表現出不耐煩的模樣，你會有什麼感受？

一定覺得對方根本沒有在聽你說話，對你一點也不尊重吧！

確實，每一個人都希望自己說話的時候，別人能認真傾聽，且給予適當的回應，能了解並體會自己說出的每一句話、每一個字。

這就是人性。所以，曾有一位著名的經濟學家說：「關於成功的商業交易，

沒有什麼不可告人的秘訣，注意正對你講話的每一個人，表現出專注聆聽的模樣，如此就好。事實上，沒有任何事情比這一點更令人開心了。」

身爲店員或推銷員，往往對自己的商品或服務有著宗教狂熱般的熱忱，希望把自己的積極喜悅傳遞出去，和所遇見的每一個人分享，因此只要碰上任何一個人，就開始喋喋不休地訴說。這是不行的，在和陌生人初接觸的當下，千萬要克制傾訴慾望，改以耐心的傾聽相待。

畢竟，學會傾聽，我們才能知道自己該說什麼話。傾聽，是關注別人、心中有愛的體現，有助於了解對方的基本情況和需求，爲進一步的深入準備。此外，能讓對方感覺到友善和尊重，因而同意建立關係，成爲朋友。

不過，當一個好的傾聽者並非易事，下面提供幾種技巧：

1. 直視說話者，不要分心。
2. 將注意力集中在字句的意義上。
3. 以坦蕩的態度傾聽，不要存有偏見。
4. 偶爾發出附和，諸如「天哪」、「後來呢」、「真是的」、「太可怕了」、「太好了」、「好糟糕啊」、「原來如此」等等。

5.即使已經知道答案，也不要打岔。

6.試著少說話，除非必要。

7.對他人遭遇的各種問題，表示興趣或關心。

千萬記住一個觀念：與你談話的人，對他自己、他的需要，比你以及你的問題要感興趣的多，甚至可以說，他的牙疼比南極臭氧層的破洞更值得關心。下一回，不論是在旅行、參加聚會或者理髮、看病的等待時間，若有機會與人攀談，不妨試著多鼓勵對方談談他自己，而你則耐心地聽，巧妙地提問，幫助對方發洩情緒同時，也盡可能地多收集相關資料。你將會發現，因爲善於聆聽，讓自己獲得了一個朋友。

當然，期望拉近人與人之間的距離，使人際相處順利，光靠當個好聽衆還不太夠，進一步來說，你必須學著「引起興趣」。

面對陌生人，怎樣才能找到讓對方感興趣的話題呢？根據場合，你可以透過不同策略的運用，概略地抓出對方的喜好，從而促使談話開展。

•用眼睛觀察

如果你身處對方的住家或辦公室，那麼就迅速地觀察一下，裡面是否有些什麼不尋常的東西、特別的擺飾、不一樣的室內裝潢，或者可愛、名貴的寵物，又或者對方的穿著打扮，飲食習慣上，是否有任何特別醒目的地方。

以自己觀察到的特殊事物切入，作爲開場白，將很容易引起對方的興致，打開話匣子，大談特談。

例如，你到了顧客家裡，看到牆上掛著一幅國畫或一幅大型的扇面，就可以用欣賞的語氣說：「這扇面相當漂亮，很有特色，應該很有一番來歷吧！」

不過簡單的一句話，卻切中對方最得意的「事蹟」，於是他可能一反原先冰冷態度，開始滔滔不絕介紹曾有的一次遊歷或其他難忘故事。

如此談下來，自然有效拉近了彼此的距離。

•用耳朵聆聽

認眞地傾聽別人談話，從中獲取訊息。

對方不假思索的反應，重複多次的話語，或者特別的表情和語調，在在都足以提示你眞正感興趣的是什麼。例如，在聚會的場合裡，聽到身邊某位客戶表示對釣魚很有心得，說得頭頭是道，你一定要馬上記在心裡，日後若有機會，便可藉自己最近想學習釣魚之類的理由，與對方展開聯繫。

•開口發問

凡是屬於社交性、較熱鬧的場合，不妨直接詢問對方的職業，孩子在哪兒讀書，平時有什麼消遣，去過什麼地方旅遊，喜不喜歡昨晚的電視劇（或對最近轟動的電影、暢銷書、運動比賽的看法）等等。

從無傷大雅、不傷感情、不涉及隱私的問題著手，是最萬無一失的法則。鼓勵對方談談自己，往往會收到出乎意料的好效果。

如果我們期望事業成功，人際關係順利，走遍四方，無往而不利，就要訓練自己聽別人想說的事情，並且說別人喜歡聽的話。

發揮讚美與微笑的魅力

當顧客不接受產品或服務，甚且挑剔抱怨時，只要堅持內心的愛和臉上的微笑，一樣可以化解歧見與煩惱。

有誰喜歡聽別人批評自己？又有誰不喜歡聽別人讚美自己？答案其實再明顯不過，無論表現得多麼豁達大度，事實上，每一個人都不喜歡被批評，卻都喜歡受讚美。

所以，知名的古羅馬政治家西塞羅說過這樣一句話：「我們都會為愛的禮贊而興奮不已。」

千萬別小看了讚美的威力，它不僅能讓人感到愉快，更能激勵他們看到自己身上最好的一面，並且更喜歡你，願意接近你。

所以，絕對不要吝惜眞誠的讚美，而應慷慨地將它們散播給所遇見的每一個人，讓大家都能在茫茫世界中感受一些溫暖，所謂愛的禮贊。

下一次，和陌生人初見面時，不妨馬上加以讚美，無論是對他的行爲、外表，或者擁有物。只要分寸拿捏得宜且方式高明，對方必定會馬上感覺到誠意和友好，願意進一步展開交往聯繫。

初見面時的讚美，該如何進行較恰當？

●不宜太直接，最好不留痕跡

東方民族普遍較含蓄，因此與陌生人相處時，太過直接露骨的讚美很容易被認爲虛情假意，讓人無法相信，甚至因爲肉麻而起反感。

爲了避免弄巧成拙，你可以從與當事人相關的人或物著手。

「這是您的孩子嗎？幾年級了？長得還眞是漂亮啊！」

「這個髮型，搭配身上這件衣服，整體感覺非常適合呢！」

●態度真誠，措辭委婉

讚美一定得出於眞心的欣賞，要有事實依據，並且委婉貼切。越是誇張牽強的語言，越容易弄巧成拙，讓對方感到被愚弄不說，印象更是大打折扣。

唯有出自善意的建議，足以讓人感受到眞心誠意的關懷和讚美。

如果只說「你的髮型不錯」，對方很容易認爲這不過隨口說說，形同敷衍，但若進一步說「瀏海若再稍微短一點，就更有精神了」，如此既間接稱讚了現在的髮型，又提出更好的善意建議，不會讓人覺得只是虛僞的奉承，而是發自內心眞正的重視與關心，效果自然不可同日而語。

●面帶親切微笑

「帶著微笑從事銷售，使我無往而不勝。」一位成功的推銷員曾這樣說。一點也沒錯！微笑有著無比神奇的魔力，不僅可以使自己的精神得到放鬆，增強自信，更能夠架起心與心的橋樑，讓你和陌生人之間的距離迅速縮短。

俗話說「伸手不打笑臉人」，對人微笑等於告訴別人「我喜歡你，很高興能見到並認識你」，如此善意，誰能拒絕？

推銷就等同在銷售一種服務，服務的人自然必須做到熱情周到，而不能冷若冰霜。微笑，是與人交往時最初的一道陽光，能讓對方體會到友善。

微笑很特別，它不能買、不能求、不能借，只能自然而然發自個人的內心深處。唯有時刻想著與陌生的朋友分享愛、分享歡樂，才能面帶親切自然的微笑，讓所有接觸的人都無法抗拒。

當顧客不接受產品或服務，甚且挑剔抱怨時，只要堅持內心的愛和臉上的微笑，一樣可以化解歧見與煩惱。千萬別忘了一句老話——買賣不成情意在，只要成爲朋友，維繫良好關係，還怕以後沒機會嗎？

用眞誠的態度和臉上的微笑包裝你的讚美，絕對能讓說出的每一句話都收到更大的實質效益，不妨一試。

讚美，讓語言更美

善用語言的藝術，可以有效提升自己的推銷技術，鞏固人際交往，但也要小心別誤觸對方的「地雷」。

美國總統林肯曾說：「每一個人都喜歡被讚美。」

身為一位店員或推銷員，或者大企業經營者，只要你想做成生意，那麼在看到客戶所做的某一件事或所得到的成就值得讚美時，一定要馬上提出來，並且告訴他們，你非常欽佩與讚賞。

要知道，對顧客的成就、特質、財產所做的所有讚美，等同提高他的自我肯定，讓他更感到開心，並增加對你的好感和滿意度。

說一些讚美的話，用不了太多時間與太多精力，可以達到的效果卻超乎想像。不過幾秒鐘的時間，人與人之間的關係與情感就能夠大大增進，甚至是一百八十度的完全扭轉。

眞心的讚美，可以由以下幾種方式著手：

1. 稱讚顧客的衣著。

「我很喜歡你的領帶，搭起來眞有品味。」

「你穿這件毛衣眞好看，襯得氣色非常好。」

2. 稱讚顧客的孩子。

「您的兒子眞是可愛，而且非常懂事呢！」

「您的女兒好漂亮，她今年幾歲啦？上幼稚園了嗎？」

3. 稱讚顧客的行為。

「對不起久等了，謝謝您的體諒，您眞是有耐心。」

「自備購物袋嗎？唉呀！您眞是太有環保概念了！」

4. 稱讚顧客自己擁有的東西。

「這輛車保養的眞好啊！出廠很多年了嗎？完全看不出來呢！」

「從這頂帽子看來，您一定是洋基隊的忠實球迷吧！」

以上幾種形式的讚美，往往可以讓顧客感到高興，從而建立起自己的好形象。另外，讚美時，要注意以下細節，避免收到反效果：

1. 必須要有實際內容。

沒有實際內容的讚美，聽來更像是嘲弄。比如只說「您好偉大喲」，卻不說原因爲何，就顯得酸溜溜，容易令聆聽者不快。

2. 從細節開始。

與其只說某件衣服很漂亮，不如明確地說出漂亮在哪裡，例如「這身衣服很好看，尤其是下擺剪裁，很有修飾身材的效果」，就是一種高明的稱讚。

3. 切合當下的環境。

若當時天氣很熱，顧客因爲衣服穿得太多而猛冒汗，一臉狼狽，你就絕對不能說：「哇！這件衣服多漂亮啊！」

善用語言的藝術，可以有效提升自己的推銷技術，鞏固人際交往，但與此同時也要小心，別觸犯那些顯而易見的禁區，或誤踩對方的「地雷」。

2.
PART

輕易說「不」，必然會傷害客戶

購買產品或服務，
因為必須支付代價，
必定更期望得到尊重，
這種需求是可以理解並預知，
設法妥善滿足的。

一肩承擔所有的風險

說出假話，或者做出有漏洞且不真誠的保證，可能帶給自己的傷害，絕對比不做任何保證更大。

要消除顧客購買之後可能擔負的心理或情緒風險，最好的方式，就是提供保證，你必須承擔客戶可能遭遇的所有風險。

萬一向顧客做了承諾或保證，最終又沒有實現，該怎麼辦呢？可以採行的策略有以下兩種：

1. 誠懇道歉，對不滿意之處予以補償。
2. 如果顧客要求退費，提供金錢上的加倍賠償。

有一位出版商，不僅主動向客戶提供不滿意就退費的服務，而且還願意替

客戶訂閱競爭者的出版品。

之所以這樣做，是因爲他對自己有絕對信心，客戶接觸到其他人的服務後，非但不會轉移喜好，反而更體會到他的優點。如此一來，他自己和所有客戶都成了大贏家。

曾經有一位專門經營貓眼石的珠寶商，向顧客提供了一個極爲貼心的保證：任何一個向她購買寶石的人，不管將寶石帶到何處，甚至包括贈送給朋友，只要有不滿意，或者單純中途改變主意，一年之內，費用都可完全退還。放眼全國珠寶商，根本沒有人敢提出相同訴求，她自然大獲全勝。

也有一位知名的糖果製造商，在產品的包裝紙上印有「保證滿意」字樣，如果購買後感到不滿意，只要將包裝紙以及一張解釋爲何不滿意的說明寄還，就可以得到退款。此外，公司還會附上另一包不同口味的糖果。如果你仍舊不滿意，他們會再送一包，至到你明確表示不需要爲止。

還有一家生產美容化妝品的公司，給顧客的承諾如下：「如果您使用我們的產品，九十天內沒有看起來更年輕、更亮麗，皮膚更光滑、更有彈性，我們無條件退款。您對產品表現不滿意，我們就絕對不配拿您的錢，您更有權利要求我們在任何指定的時間內，不問任何問題，將費用百分之百退還。」

毫無疑問，提出這樣大膽的訴求，需要以足夠的品質作爲保證。事實上，可以想見，這家美容化妝品公司的產品絕對有一流水準，以及非常效果。

任何事情都是互相的，如果你的產品或服務夠水準，顧客反應自然會跟著變好。你所說出的話、提出的保證越堅定，所能引發的期望值當然越高，也就會有越多人光顧。

但這不代表可以用謊言騙人，相反的，保證絕對必須眞誠。切記，說出假話，或者做出有漏洞且不眞誠的保證，可能帶給自己的傷害，絕對比不做任何保證更大。

善用電話，對客戶說些好聽話

在顧客喜歡的時間，用他們喜歡的方式，說些好聽的話，才能夠如願收到打動人心的效果，為自己的成功鋪路。

一位優秀的推銷員或業務員，在達成一筆交易後，應該明確向客戶表示自己的謝意，且最好不只一次，透過不同的媒介方式。目的很簡單，就在使客戶感到高興，進而爲下一次生意的進行打下根基。

感謝函的撰寫方式，可以參考下列範例：「某某先生小姐您好，感謝您選擇了我們的產品。以後的使用當中，若有任何疑問或者有什麼需要我爲您服務的，請隨時以電話告知，我一定全力以赴。再次地感謝您，祝您愉快。」

做成一筆生意後，不僅業務人員本人該打個電話感謝，還可以視交易內容重要性，彈性決定是否該請老闆親自表達感激。

曾有不止一位企業家表示道：「每當接到提供服務的業務員、所在公司領導者打來的感謝電話或簡訊，總是非常感動。當然，我也會因此更願意與那家公司繼續合作。不爲什麼，就因爲這樣的話人人愛聽啊！」

美國一家家電用品公司總裁萊里．哈托，在這一方面的表現便非常出色。他會親自撥電話給每一位重要客戶，向他們說：「您好，我是某某公司的總裁，非常感謝您願意與我們進行生意合作。您絕對是敝公司最重要的客戶之一，若是對服務或產品有任何意見，或有問題需要討論，都歡迎隨時打電話給我。」

萊里．哈托甚至會直接告訴客戶自己的電話號碼，表明歡迎聯繫。

你可能不相信或不認爲一位總裁的電話可以產生多大影響，因爲從來不曾接過類似的電話，但可絕對別小看了言語和身分相輔相成後，可以產生的威力。想像一下，若今天你身爲消費者，接到一位總裁親自打來的電話，內容先是感謝，而後又殷切詢問是否對產品或服務感到滿意，那種窩心的感覺，絕對足以給人極好的印象。

展開言語溫情攻勢前，別忘了詢問客戶究竟喜歡什麼樣的聯繫方式，是電子郵件、手機訊息，還是電話呢？同時你還要慎選方便的時間，如果可以，儘可能避開清晨、深夜、上下班時間，避免造成困擾。

每一位客戶的個性都是獨特的，有差別的，所以在表示感謝之前，最好先了解對方喜歡的聯繫方式和時間，以免產生反效果。唯有在客戶感到方便的時候，按照他們喜歡的方式進行聯繫，才會讓他們以更喜悅的心情和友善的態度接受你的善意。

在客戶喜歡的時間，用他們喜歡的方式，說些好聽的話，更才能夠如願收到打動人心的效果，為自己的成功鋪路。

買賣不成「謝意」在

用堅持且誠懇的態度對客戶說一些好聽的、他們會打從內心感動的話，你就會成功。

無論是基層業務員，或者高層的領導者，作爲一名優秀商人，不僅要感謝現在購買產品或服務的人，還應當同樣感謝那些沒有購買的人。

每個人都是值得感謝的，不是嗎？應該感謝他撥出時間與你見面，感謝他接聽你的電話，感謝他聽你的產品介紹。此外，感謝他們讓你知道了不買某樣產品的原因，讓你看出自己與別人的差距在哪裡。

寄封感謝函給選擇不跟你買東西的人，可以的話，儘量跟他們保持聯絡。別以爲這些都是白費工夫，要知道，跟那些潛在客戶做成生意的競爭對手，服

務很可能沒有這麼周到。過了一段時間之後，若是競爭對手轉行或表現不佳，你便能成爲最具希望的替補人選，接手這一門生意。

而這一切，都是言語溝通所達到的妙用。

頂尖的銷售訓練大師湯姆．霍普金斯始終保持一個習慣，就是隨身攜帶大小約等同一張相片的謝卡，平均每天要寄出五到十封的感謝函，給不願意參加他所舉辦研討會的人、拒絕投資錄音帶訓練課程的企業主，以及其他人。

想想，以一天寄出十封感謝函計算，一年就等同要寄出三千六百五十封，十年呢？就是三萬六千五百封了，多麼驚人的數字啊！

對此，他深感得意地說：「每寄出一百封感謝函，平均能做成十筆生意。也就是說，每一百名潛在客戶，在接受我誠摯感謝的情況下，有十位會改變心意，成爲忠誠的會員。可以想像一下，連續將這項技巧運用一整年，最少可以爲自己增加多少收入？它足以讓你成爲眞正的商場贏家。」

「根本不用耗上多少力氣，你只需要提起筆，花大約三分鐘時間寫下一些發自內心感謝的話，然後貼上一張郵票，寄出去。從今天開始做，因爲結果不會馬上就顯現，而是於不知不覺中爲自己奠下深厚根基。」

湯姆．霍普金斯不僅是全美第一的銷售訓練大師，更是世界房地產銷售紀錄保持者，他的事業成功來自於不斷開發新客戶，以及有效吸引舊客戶回頭。他說：「你所見到的每一個人都有可能成為自己的客戶，帶來源源不絕的財富，關鍵在於究竟該如何爭取。」

沒有一蹴可及的成就，但能用正確方式將成功奪到手。用堅持且誠懇的態度對客戶說好聽的、他們會感動的話，你就會成功。

輕易說「不」，必然會傷害客戶

購買產品或服務，因為必須支付代價，必定更期望得到尊重，這種需求是可以理解並預知，設法妥善滿足的。

「不」是一個非常傷人的字，絕對沒有人喜歡聽到，所以，如果希望自己的生意進展順利，便不要輕易說起。

在美國，有一家專門販售日用品的羅伯梅德公司，旗下共擁有四間連鎖店，數百位員工。針對服務品質，公司高層有以下兩項規定：

- 絕不對顧客說「不」。
- 顧客離去時，必須是滿意的。

以服務爲取向的公司，即便經營得多成功，也未必都能夠提供送貨服務，但羅伯梅德公司完全不一樣，只要顧客提出要求，馬上派人將貨送到。

羅伯梅德日用品公司的經營範圍相當廣，販售產品高達兩千五百種。儘管業務繁忙，公司上上下下都願意花費寶貴的時間，答覆處理顧客對產品的抱怨或使用問題，且秉持最高原則——面對客訴，絕不說「不」，務求不使顧客產生敵對情緒。

甚至曾有一次，某位顧客來到羅伯梅德公司，抱怨說自己買的高壓鍋品質非常不好，用不到一個月就壞了。

賣場人員檢查了一下，發現明顯是顧客自身的使用疏失，但仍好言好語地表示歉意，並免費提供修理。

一個月後，這名顧客帶著幾位朋友再次登門，但不是爲了抱怨，而是爲了採買需要的其他大小日用品。

爲什麼這名顧客願意替羅伯梅德公司介紹生意，而不會想要換一家店看看？答案很簡單，就是良好服務凝聚了顧客的忠誠度。

忠誠度絕對是削價政策買不來的，只懂得用低價吸引顧客的公司，一旦將

價格提高，就會馬上看見顧客另投他人懷抱。

拿出好服務才能打下穩定可靠的客源基礎，這點絕不是作假可以騙來。而良好的服務，首先便從得體的言語開始。

下面條列的幾點，是除了直接表示拒絕的「不」之外，公認同樣不適宜、不受顧客歡迎的幾句話：

1. 這不是我的責任。
2. 這件事情不在我的管轄範圍。
3. 沒辦法，這就是規定。
4. 不好意思，這是您當初的選擇，我無能為力。
5. 規則都寫得很清楚了，請自己看一下。

此外，在爲顧客服務時，要儘量多使用以下詞語：

1. 您、您們——用「您」，絕對比用「你」更好。
2. 是、好的、沒有問題、可以——相較於否定，肯定的短句子當然更能讓顧客感到滿意。

3.最好的方法是、最快的方法是——表示出對狀況的了解與誠懇建議，可以讓顧客放心，產生信賴。

任何一位顧客購買產品或服務，因爲必須支付一定代價，必定更期望得到他人的尊重，這種需求是可以理解並預知，設法妥善滿足的。在容許的範圍內，應儘量尊重顧客的想法，按顧客的意思去做，如果用無禮的言語或態度頂撞，必定將送上門的生意搞砸。

請不要對顧客說「不」，不要說任何可能引起反感的話。

最快的速度，要搭配最好的態度

讓顧客從談話中感覺你付出的友善，同時感覺到自己獨一無二的重要性，絕對是能夠有效促成生意的招數。

一位旅客在飛機上用餐時，發現送來的沙拉裡有一隻小蟑螂，他當下立刻表示了不滿，並於抵達下榻旅館的當天晚上，提筆寫了一封措辭憤怒的信，向航空公司提出嚴正的抱怨。

旅行結束後，他發現航空公司的回函已先一步送到辦公室。信件內容是這樣寫的：「親愛的約翰先生，您的來函我們已經收到，且進行了全面的檢討。過往從未有這樣的事情發生，而我們保證未來將不會再重演。失職人員已經受到懲處，整架飛機也特別進行了徹底消毒。對於帶給您不愉快的回憶，本公司謹致上最誠摯的歉意。」

無論那位旅客原本有多麼生氣，對於航空公司這麼一封處理迅速且言詞誠懇的道歉信，應能感到滿意。

顧客與商家之間的糾紛爲何時常發生呢？很多時候，不滿意的產生，不是針對狀況本身，而是因爲沒有獲得及時且良好的處理。顧客希望能看到自己的需求被重視、得以立即解決，想當然爾，他們也希望聽到誠懇的歉意表示。

想要在商場上奠定穩固的客源基礎，態度可能造成的影響甚至比產品本身更大。讓顧客從談話中感覺你付出的友善，同時感覺到自己獨一無二的重要性，絕對是能夠有效促成生意的招數。

若能正確化解糾紛或抱怨，你將發現原本懷著不滿、處處針鋒相對的「難搞」顧客，會搖身一變成爲對你最忠實的顧客。

成功的銷售，從被拒絕開始

有辦法配合場合，說出最適合的話，才是真正高明的境界，一個值得所有在商場經營者努力的目標。

「成功的銷售，從被拒絕開始。」

別懷疑，這句話一點都沒錯，世界上本就不存在不會遭到拒絕的生意。不管產品品質多好，不管說明多麼詳盡，也不管你所具備的推銷技巧有多麼高明，都不可能徹底打動每一個人，恰好滿足他們的需求。

而即便是有意願的顧客，在決定購買之前，仍多少免不了產生懷疑、猶豫不決、困惑之類的情緒。

這就是決定銷售是否成功的關鍵，一個好的推銷者、精明的店員，會馬上看出讓顧客猶豫的原因，並展開進一步說明。他們懂得將「見什麼人，說什麼話」的技巧運用出來，視狀況說出能夠滿足對方需求、解答疑惑的話。

但如此就保證成功了嗎？事實上也並不這麼單純、容易。

因此，若遭受拒絕，不論對方態度是多麼的強硬甚至無禮，你都要告訴自己，不可就此被擊倒，反而應該感到高興——無論如何，自己的銷售技巧總是又向前邁進了一步。

潛能大師傅思．崔西便說過：「成功銷售所遇到的拒絕，往往會比失敗的銷售所遇到的多出兩倍。」

那麼，該如何應對拒絕呢？

●用心傾聽

讓顧客輕鬆且盡情地表達反對意見，你才有機會找出被抗拒的原因。

●表示尊重與讚美

對於顧客的拒絕，千萬不要馬上顯得喪氣或憤怒，而應該說：「這是很好的觀點，非常感謝您能提出來，我們會繼續檢討。」

•不要過度在意

遭到拒絕，千萬不要喪氣，而要據此找出自身弱點，調整銷售策略或表達方式，謀求改進。處理顧客反對意見的話術，可以有以下幾種：

1. 我非常能理解您的感受，最開始，我跟您有同樣的感覺。

2. 您說得非常有道理，不過……

3. 請問，您為什麼會有這樣的感覺呢？

當面對拒絕，應秉持五種正確的應對態度：

1. 不把拒絕當作否定，而看作經驗學習。

2. 不把拒絕當作損失，而看作改變方向所需要的有效回饋。

3. 不把拒絕當作痛苦，而看作是自己講了一個笑話。

4. 不把拒絕當作懲罰，而看作是練習技巧並完善自我的機會。

5. 不把拒絕當作受挫，而看作成交前不可少的一部分。

不僅能夠「見什麼人，說什麼話」，還有辦法配合場合，說出最適合的話，這才是眞正高明的境界，一個値得所有在商場經營者努力的目標。

3. PART 「激」出語言的最大魅力

同時展現出負責的態度、
誠懇的語言、深切的感情，
就是感染並激化買方，
促使買賣成功的最好方法。

用誠懇道歉化解顧客的抱怨

化解顧客抱怨的不二法門，就在表達歉意，聆聽顧客需求，並做出迅速確實的反應。

你是否發現了一個現象？抱怨，不僅是顧客的專利，同時也是顧客的愛好，即使你已經將服務做得非常好，仍不可能完全避免。

既然如此，就應該學習用正面、積極的態度看待，並嘗試用較好的言談與態度加以化解。

其實，聽到顧客抱怨是件好事，因爲換個角度想，它其實表示了顧客願意跟你來往，讓你理解他們的想法，當然，也就極有可能繼續跟你做生意。

你也可以藉由聆聽顧客的抱怨來改善自己的產品或服務品質，提升競爭力，

從而贏得更大的市場。

許多人不知道，事實上，不抱怨的顧客才是眞正的「隱患」。據美國一家知名研究機構的調查，當遭受到不滿意的服務，有九十六％的顧客不會當場提出抱怨，但這代表諒解或不在意嗎？當然不是。他們會換個方式，把自己的不愉快經歷告訴其他所有的人。

世界一流的銷售訓練師湯姆．霍普金斯說過：「顧客的抱怨，是登上銷售成功的階梯。它是銷售流程中極為重要的一個環節，而你的回應方式，則將直接決定結果的成敗。」

必須學習能夠有效處理顧客抱怨的正確話術，以下，是一些技巧策略與範例的提供：

• 範例一

顧客：「你們的產品品質太差了，根本就不能用！」

售貨員：「先生，眞的非常抱歉，可以請您告訴我是碰上了什麼樣的狀況嗎？讓我看看該如何彌補您的損失。」

●範例二

顧客：「你們的辦事效率太差了！」

業務員：「眞的很抱歉，您的心情我非常了解。感謝您的提醒，這種事情不會再發生了，我們一定會徹底改進。」

●範例三

顧客：「你們的價格也未免太高了吧！」

店員：「一開始我也跟您一樣，覺得價格太高了，可是在我自己使用過之後，就發覺到價値所在。這個定價是很値得的，一分錢一分貨，請您相信，買了之後絕對不會後悔。」

●範例四

顧客：「你們的客服電話總是沒人接，叫我怎麼相信你！」

業務員：「對不起，實在非常抱歉，我想可能是正好碰上了什麼事情，或者因爲已經是下班時間。以後有任何需要，您可以直接打手機跟我連絡，我一

定會用最快的速度幫您解決。至於這件事情，我也會向公司反應的，謝謝您。」

看完以上範例，相信你應了解到表達歉意，理解原因，進一步找出補救方法，便是化解抱怨的不二法門。

成功化解顧客的抱怨，就等於爭取到一筆更穩固、更寶貴的生意，價值無可比擬。所以，你必須用最快的速度向顧客表達歉意，聆聽顧客需求，並做出迅速確實的改進。

面對不滿甚至憤怒的顧客，道歉就是最好的話。

善用誘導讓顧客掏出腰包

採用誘導問話方式，目的就在於讓顧客不感到壓力與排斥，從而在根本不自覺的情況下，將鈔票送到商家手上。

一般說來，推銷員推銷商品的過程，只有一段短短的時間。在可能不過數分鐘的時間裡，你說出的話若能留住顧客並打動他的心，生意就算成交；留不住，買賣自然也就吹了，什麼都不用再談下去。

此外，在市場競爭中，該如何突出自己，把顧客吸引到身邊？答案很簡單，就是與衆不同的鮮明語言。一切的一切，都在要求推銷人員以具強烈誘惑性和渲染色彩的方式對顧客說話。

試著學習從言語中抓出重點，是提升說話技巧的一個好方法。可曾注意過？

在大清早的市場上，魚販子的喊叫最初可能是「來買活魚，全都是新鮮的喔」，並設法極力突出「新鮮」二個字。但到了下午，眼看即將收攤，則可能變成「快來買呀！別地方沒有的便宜價錢唷」，此時，則在突出便宜這個重點。

推銷過程中，採取「誘」的技巧方式有很多，基本說來，可分爲「層層誘導」和「定向誘導」兩種。

●層層誘導

層層誘導，是指店員根據顧客的購買心理，掌握推銷導向，不斷誘惑人的一種發話技巧。

無論是選擇逛商店、看電影，很多時候往往是因爲情緒的驅使，而非一定基於什麼特別的購買目的。當這一類的潛在消費者上門，最好適時送上一句：「歡迎看看喔！不買也沒有關係。」

邊這樣說，邊拿出商品展示，引發更進一步了解的興趣。

然後，當顧客開始試穿或試用的時候，一定得再補上幾句得體的誇獎，諸如：「這顏色多適合您啊！襯得氣色非常好。」

從心理學的角度來看，人都喜歡接受他人的尊重與讚揚，推銷過程中，適時的奉承可以使顧客感到滿足。這時，伺機告知價格，並表示正有優惠活動，將可望激起購買慾望。

若是順利成交，別忘了再說上一句：「您眞有眼力，很識貨啊！」

層層誘導的發話藝術，必須遵循一個原則——不讓對方感受壓力，輕輕地、一層一層地推動，誘入推銷導向，促使完成購買行動。

●定向誘導

定向誘導，是指店員有目的地誘導顧客，以做出定向回答的技巧。

例如，有一家專賣漢堡的早餐店，因爲生意很好，特別雇用了兩名店員。其中一人在接待顧客時，會問：「請問您要不要加雞蛋？」

另一人則不同，他會問：「請問您要加一個蛋，還是兩個蛋？」

問話的方式不同，造成的結果就會完全不同。哪一個店員能買出較多的蛋，

達到較高的銷售成績呢？答案幾乎不言可喻。

第二種發話方式，就屬於標準的「定向誘導」。

「要不要加雞蛋」這一句話充滿了不確定性，沒有定向可言，而「加一個還是加兩個蛋」則正好相反，有非常明確的定向，可以有效誘導顧客，提高擴大銷售的目的。

說話要看對象，當然也要看情況。採用誘導問話方式，目的就在於讓顧客不感到壓力與排斥，從而在根本不自覺的情況下，乖乖掏出腰包，將鈔票送到商家的手上。

誘導用得巧，生意自然更好

假若你是推銷員，能不能熟練地運用「誘」的技巧，達成目標？如果沒有把握，請從現在開始揣摩，並訓練自己。

讓顧客不知不覺、心甘情願地購物，正是誘導技巧的高明處。

日本豐田汽車公司旗下的一名推銷員，在美國底特律汽車市場，面對一群徘徊猶豫的顧客，是這樣說的：「現在油價居高不下，買轎車當然不怎麼合算。說老實話，我上個月才爲此買了一台自行車，打算以後靠騎車上下班，省下那一筆嚇人的油錢開支。」

「買車之後的第二天，我便興沖沖地跨上它，往辦公室出發。沒想到路程竟然比想像遙遠許多，花上整整兩個小時才到公司！我的天哪！一進辦公室，

我就癱在桌前，根本沒有力氣走動。」

「熬到下班，又是一場折磨的開始。全身骨架已經跟散了一樣，拖著沉重的腳步走到門口，才想起還得要頂著風騎車回家去。那個當下，我傷心得簡直想要大哭一場。」

「於是，我明白了一個眞理——無論如何，一台代步的轎車都絕不能少。既然如此，那就買省油的車吧！本公司的車向來以省油出名，而且價格便宜，絕對是最實惠的選擇。」

一席話說得顧客紛紛稱道，銷路由此大增。

又例如，某一天，一位客人來到一家繡品商店，想要爲新婚的好友購買一床繡花被面作爲贈禮。

對著店內五彩繽紛的繡花被面看了半天後，他終於挑中其中一床繡有一對白頭翁的被面，但再仔細一瞧，又顯得有點猶豫，自言自語說：「這一對鳥很漂亮，但就是嘴巴太長了一點，感覺像是夫妻吵嘴，不太適合。」

店員聽到後，立刻笑眯眯地說：「您看見了嗎？這兩隻鳥的頭頂是白的，象徵夫妻白頭偕老。嘴巴之所以伸得長，是因爲牠們在說悄悄話，相親相愛的表示，很喜氣的。」

這位顧客一聽，頓時放下心中的石頭，連連點頭說道：「有道理，有道理！」高高興興地掏錢買下了這床繡花被面。

汽車推銷員用自己的切身經歷誘導顧客，具有很強的渲染力，難怪大家願意當買轎車的「傻瓜」。一床繡花被面，顧客愛不釋手，但對構圖心存疑慮，店員適時進行定向誘導，扭轉顧客心中的既定認知，自然說得對方點頭稱是。

以上兩個例證，聽來雖然再簡單不過，卻含有相當的技巧。

假若你是推銷員，能不能熟練地運用「誘」的技巧，達成目標？

如果沒有把握，請從現在開始揣摩，並訓練自己。

「激」出語言的最大魅力

同時展現出負責的態度、誠懇的語言、深切的感情，就是感染並激化買方，促使買賣成功的最好方法。

當用戶對商品產生購買慾望，但又顯得猶豫不決的時候，可以適時使用「激」的技巧，以求激發對方的好勝心理，促使迅速做出決斷。

一位男士在百貨公司販賣玩具的專櫃前停下，售貨小姐起身趨前，正巧看見男士伸手拿起聲控的玩具飛碟。

「先生您好呀！買玩具給孩子玩嗎？請問您的小孩多大了？」售貨小姐笑容可掬地問道。

「六歲。」男士說著，把玩具放回原位，眼光轉向他處。

「六歲！」小姐提高嗓門說：「這樣的年齡，玩這種玩具正是時候。」

一邊說著，便將玩具的開關打開，男士的視線自然又被吸引回聲控玩具上。只見小姐把玩具放到地上，拿著聲控器，開始熟練地操縱起來，前進、後退、旋轉，接著又說：「讓孩子玩這種以聲音控制的玩具，可以培養出強烈的領導意識，很有幫助的。」

說完之後，她將聲控器遞出，讓對方實際操作。大約過兩三分鐘後，售貨小姐把玩具開關關掉，男士開口問道：「這一套多少錢？」

「五百五十元。」

「太貴了！算五百就好了吧？」

「先生！跟令郎未來的領導才華比起來，這其實根本微不足道。」

小姐稍停一下，看了看對方略顯猶豫的神色，馬上拿出兩個嶄新的乾電池說：「這樣好了，這兩個電池免費奉送！」

說著，便很快地把架上一個未開封的聲控玩具連同兩個電池，一起放進塑膠袋，遞給那名男士。

透過銷售的進行，可以清楚看出售貨小姐在過程中使用了「激」的策略。首先，她的問話十分有技巧，「孩子多大了」這樣的問題，不容易讓顧客產生戒心，從而爲下一步的「激」埋下伏筆。

其次，打開玩具開關的時間恰到好處，就在客戶剛要轉移目標時，而把聲控器遞出更是高招，可以非常有效地刺激購買慾望。

最後，售貨小姐做了最佳請求——爲了培育一個具有領導才華的兒子。天下父母心，誰能不爲之心動？

由於激將術的巧妙運用，終於促成一筆生意。

上面這個例子，算是比較一般的情形，也有一些時候，會遇到推銷難度較大的客戶。這時，雖然也該「激」，手法卻要調整，不能太過躁進，而以循序漸進的方式較好。

一間工廠的廠長接待了兩位推銷員，同樣都是來自偏遠山地的水災受災區，也同樣都爲了推銷豬鬃刷。

第一位進門之後，開門見山地說：「我們是生產刷子的，最近受了災，日子不太好過，你們能不能買幾把？」

廠長搖搖頭，解釋了不需要的原因，說自己的工廠不是食品加工業，而是經營電子業務，根本用不到。推銷員看出希望不大，便離開了。

另一位推銷員就不同了，他一坐下，馬上用試探性的口氣問：「我看了看工廠的狀況，用到刷子的機會不多吧？」

廠長點點頭，表示實在是少之又少。

那名推銷員聽了，接著拿出一紙證明，相當憂慮地說：「是這樣的，我們這個地區受了災，相當嚴重，爲此政府也撥了款項救濟，但仍是不夠，必須依靠自救，而衡量地形與天候條件，也只能生產豬毛刷子了。請您考慮一下，能不能買個幾把呢？」

廠長搖搖頭，但對方毫不死心，又進一步說：「我知道你們的用量不會太大，沒有關係的。事實上，哪怕只買一把，都是對災區重建的支持，所有村民必定打從內心感謝您。」

如此層層逼近之下，終於成功挑起廠長的惻隱之心，最後不但成交，還一口氣買下好幾十把。

看完這個例證，你是否察覺了成功者與失敗者的差別？同樣推銷一種東西，一個有所收穫，另一個卻兩手空空。原因何在？就在於「激」的技巧。

第一位雖然開門見山，急切地請求對方接受推銷，但因交談中沒有掌握「激」的火候，以至於三言兩語便敗下陣來，只能空手而別。

第二位則不然，將「激」的火候掌握得恰到好處。他首先以詢問方式探知買方底細，得知「用量很少」之後，並不灰心喪氣，而是循循善誘地講述了自己的實際困難，以求喚起同情。

若能同時展現出負責的態度、誠懇的語言、深切的感情，就是感染並激化買方，促使買賣成功的最好方法。

比一比，就知高低

任何一種商品都有優點，自然也免不了有弱點，因此，在採用對比手法推銷自家商品時，首先要注意以事實為依據。

俗話說「不怕貨比貨，就怕不識貨」，套用在商業交易上，展開推銷的時候，除了說明，不妨再用同類產品或假冒的偽劣產品進行對比，讓客戶在過程中感受到差別，再以言語推波助瀾，絕對可有效增加說服力。

一名顧客向售貨員說：「你們的產品實在太貴了。」

推銷員一聽，笑著搖頭：「不會的，一點也不貴。您看，這是維修中心的統計表，我們所售出的產品，維修次數不過只有同類產品的十分之一。因此，絕對有一定的水準保證，非常值得。」

三言兩語便化解了疑慮，同時進一步肯定自家產品的品質，非常高明。

善用「比」的推銷術，特別能夠突顯差距，使顧客看清購買後可能得到的利益，增加對推銷員本身以及品牌的信任感。

再如以下這一段對話：

「這價格太貴了！」

「怎麼會呢？那您認爲如何定價比較合理？」

「我有看到同樣的東西，才賣一千四百元呢！」

「請問是哪一家的產品？」

「就是最近剛上市的某某牌。」

「唉！您知道那個牌子爲什麼可以只賣一千四百元嗎？我告訴您吧！與我們的產品相比，他們無論是功能、品質，甚至是售後服務，都完全不如。一分錢一分貨，之所以能夠把價錢壓低，當然是因爲……」

任何一種商品都有優點，自然也免不了有弱點，因此，在採用對比手法推銷自家商品時，首先要注意以事實爲依據，千萬避免言過其實，否則萬一謊話被揭穿，場面將非常難堪。

其次，對於同類商品的弱點，未必需要直接攻擊，也可以改由另一個角度進行解說，力求能既符合事實，又掌握分寸。如此，將可望成功達到把商品推銷出去的最終目的。

只要品質好，便無需害怕比較，甚至更要歡迎比較，主動進行比較，因爲比一比，就知高低。

經驗就是最好的訓練

應適當地培養自己的口才，因為無論在任何一個領域，好口才都能夠帶來幫助，拓寬自己的路。

任何理論或策略，若不能和真實生活結合，便沒有意義。同理，光是學習種種交談、推銷技巧還不夠，更要設法增加自己的「實戰經驗」。

有一年暑假，一位大學生李金安趁暑假前往親戚開設的服飾店工讀，便親身體驗了推銷的甘苦，得到不少寶貴經驗。

那一天，時間已近中午，店裡還沒有做成一筆生意。進來看看的人不少，就是沒有一個真正表示興趣，停下來談價錢。

正當李金安發愁的時候，來了一位戴眼鏡、打扮樸實的男人。看神情，又是一位沒有「誠意」的顧客，但他不願死心，密切注意著對方的舉動。

突然，他發現男人的眼神在一件淺灰色夾克上停留了片刻。「先生您好，想要買嗎？」他馬上笑著問。

「啊！不，看看而已。」

對方顯得有些緊張，連忙將「路」封死，似乎很怕會被店員纏上，硬是逼自己「一手交錢，一手交貨」。

「沒關係，不買不要緊。」李金安一邊露出不以爲意的表情，一邊伸手將衣服取下來說：「我取下來讓您仔細瞧瞧吧！就算是還要去逛別的商店，也可以有個比較。」

男人接過衣服，但只看了一眼，就低聲說：「顏色好像太淺了。」

「您的年紀也不過二十多歲吧？還是穿淺色的衣服比較好，因爲顏色若是太深，看上去容易顯得老氣橫秋，沒精神。」

對方陷入了沉默，過了一會兒，又表示不喜歡有拉鏈的外套，想要看看釘鈕扣的款式。可是正不巧所有釘鈕扣的夾克都賣出去了，連一件也沒有。

怎麼辦呢？難道就這樣讓機會溜走嗎？李金安突然靈機一動，將話題一轉：

「看您的感覺，該是個公務員吧？」

對方笑了笑：「我是個國中老師。」

李金安馬上會意地點頭道：「難怪喜歡深色的衣服，是希望看起來比較沉穩、有精神嗎？不過，太嚴肅未必好，眞正的感覺，還是要試穿之後才知道。要不要試試看呢？」

這一回，男人倒是沒說什麼，很乾脆的將衣服套上身，李金安見大有希望，感覺更有衝勁了。

「您看，多有精神！」他說：「說實話，我還是個學生。當學生的，都希望老師和自己的距離不要太遠，別總是高高在上，特別是國高中生，這種內心渴求更強烈。我認爲，老師們與其塑造威嚴，不如讓自己看起來年輕一些好。」

男人一邊脫下外套，一邊笑著問：「你眞會說話，在什麼學校讀書？」

一聊之下，彼此的距離又拉近不少。但就在李金安盤算著該如何提出價錢的時候，男人竟又說不買了，原來是外套的左胸配了一個小口袋，右邊卻沒有，且因為口袋顏色較淺，在不對稱的突顯下，看上去極像一塊補丁。

李金安聽了對方的理由，急中生智地說：「表面看來似乎是缺陷，但其實也可以用服裝設計的特色來解釋，端看站在什麼角度。大家都習慣了『對稱』，似乎什麼東西都要成雙成對，可其實單個的設計，也有不一樣的美感啊！」

「不敢說我贊同你的理論，但是必須承認，我非常佩服你的口才和態度。好吧！我買了。」

男人不再為難，如數付了錢，臨走之前，還半開玩笑地對李金安說：「好好訓練一下自己吧！事實上，你的潛力非常大。」

這是一次非常成功的推銷，透過態度和言語傳達出的魅力，解除了顧客心中的疑慮，改變原本的心意，做成一筆原先沒有太大希望的生意。

應適當地培養自己的口才，因為無論在任何一個領域，好口才都能夠帶來幫助，拓寬自己的路。

而累積經驗，就是自我提升語言能力的最好訓練。

4. PART

要說，就說貼心話

採繞道方式進入正題，是降低戒心的好方法，較可能使顧客高興地接受商品，滿意而歸。

多「問」，釐清顧客心中的疑問

無論是單純的疑問或者別有深意的反問、激問，都能協助你釐清顧客的想法，找出導致推銷困難的問題所在。

推銷，簡單來說，就是主體（主動展開推銷的人員）與對象（接受推銷客體者）進行雙向交流的過程。

而在過程中，經常可以發現有些顧客會不加思索地拒絕，根本連接觸都不願意，因此「推銷是從拒絕開始」絕對半點不假。

身為一個推銷員，遇到這種情況，該怎麼辦呢？

眞正稱職且高明的推銷員，不應「退避三舍」，而應「迎難而上」，這種時候，巧妙設問的技巧，就成了掌握成敗的關鍵。

提問，可以消除雙方的強迫感，緩和商談氣氛，並藉以摸清對方的底牌，也讓對方了解「我」的想法。除此之外，還可以確定推銷進行的程度，了解顧客的障礙所在，尋找最適合的應對措施，反駁並澄清歧見。

提問無疑是推銷應對中最有力的手段，一定要熟練掌握、運用。

當我們聽到「不要」、「今天不買」、「再說吧」等推託詞，便應使用「問」的技術，找出隱藏在拒絕之後的眞正因素。

通常，推銷會遭到拒絕，探究顧客的想法，多不脫以下幾種原因：

1. 時機不理想。

2. 價格超出了預算，無力負擔。

3. 不喜歡推銷員的表現。

4. 素來就對這個品牌或製造商沒有好感。

5. 已經訂購了性質、功能相同或類似的產品。

6. 真正無意購買。

拒絕並非完全無法「擊破」，針對以上幾種情形，分別可以透過以下方式設問，以求了解實際情形：

1.您是不是認為目前沒有必要買？

2.價錢方面是否滿意？

3.關於我的說明，有沒有不清楚、需要進一步了解的地方？

4.您認為這種款式如何？

5.您是否已經向其他公司訂購了呢？

6.對這個商品，您不感到興趣嗎？

如果遇到顧客直接拒絕推銷，且態度強硬，可針對提出的反對意見，採取直接詢問以突破困境，先了解眞實想法，再求對症下藥。

顧客：「實在太貴了！」

推銷員：「那麼，您認爲怎樣的價格較合理呢？」

一旦顧客講出自己所認定的合理價錢，就要馬上從專業的角度進行澄清，例如由產品功能、品質及售後服務切入，強調定價的合理性，說服對方接受。

此時，大可繼續運用設問法，達到「誘導」功效，例如可以說：「的確，

兩萬元不是一筆小數目，可是這種產品的平均壽命都在十年以上，如此平均下來，只要一天省下少部分錢就可以了，不至於造成沉重負擔。

「您所考慮的是價錢問題吧？不過換個角度想，一分錢一分貨，不是嗎？此外，既然是好東西，就值得早一步投資購入，早一點享受。優惠是有時限的，一旦錯過，以後想要再碰到就不容易了。相信我，這絕對划算。」

問的方式有很多，無論是單純的疑問或者別有深意的反問、激問，都是推銷時的好幫手，能協助你釐清顧客的想法，找出導致推銷困難的問題所在。如此一來，再透過言語對症下藥，效果當然更好。

連說帶演，效果更明顯

推銷商品時，先讓顧客們盡情嘗試，再以動聽的言語打動，是征服不安和懷疑心理的妙招。

有的問題，僅憑三寸不爛之舌還是難以說明白，這時候，就該採用實物、圖片、模型加以說明示範，以求充分展現商品魅力。生動的演示配上動人的言語，將使推銷更具吸引力和說服力。

例如，一位推銷員走進客戶的辦公室，打過招呼以後，指著一塊沾滿污垢的玻璃，有禮貌地說：「請允許我用帶來的清潔劑擦一下。」

結果，由於毫不費力便把玻璃擦乾淨，從而引起了客戶的興趣，一筆生意自然手到擒來。

再如，一個推銷員是這樣演示自己所推銷的產品：

「太太，請您注意聽一聽。」他一面說，一面掏出打火機點火。

「能聽到打火機的聲音嗎？聽不清吧！這台的縫紉機所發出的聲響，就和這個打火機的聲音一樣大。所以，您根本無須擔心，我們公司所生產的縫紉機，無論品質或功能都堪稱獨一無二。」

以打火機點火時的聲音比喻，說明自家縫紉機聲音極小的優點，從而吸引顧客點頭購買，是生動且高明的招數。

某公關諮詢公司的章先生，到傢俱商場去推銷一項計劃，一張口就吃了「閉門羹」，經理直接拒絕了邀請。儘管尷尬，章先生卻只是笑笑說：「沒關係，那我就當您的顧客，走走逛逛吧！」

經理不能不表示歡迎，於是帶著他四處參觀。看過所有商品之後，章先生指著一張進口床，詢問銷路如何，經理歎道：「不怎麼樣，可能因爲是新品牌吧！顧客最開始總是不太敢下手訂購。」

章先生一聽，立刻出了個「點子」：在樓梯口放一張床，再豎立告示牌，上面寫著「踩斷一根簧，送您一張床」。經理也覺得很有趣，便高興地照辦了。

結果，顧客進店先踩床便成為該商場最特別的「銷售即景」，人們聞訊而至，爭相蹦踏，笑聲不息，效果可想而知。

幾天之後，經理主動宴請章先生，表示願意加入公關計劃。

美國化妝品女王艾絲蒂，一九六〇年代致力於擴展歐洲市場，卻總是不斷被那些高級商店拒絕，相當不順利。

一天，她來到巴黎拉德埃百貨公司門口，正好遇到下班時間，購物的人潮摩肩接踵。眼見機不可失，她當即狠下心來，把隨身攜帶十多瓶「青春的潮氣」香水全部倒在地板上。很快，百貨公司內便香味撲鼻，芬芳四溢，許多顧客都被吸引過來，艾絲蒂趁機以三寸不爛之舌展開介紹，大肆宣傳。

她的舉動引起了人群中一位記者的注意，便在第二天的報紙上寫了一篇專門報導。從此，艾絲蒂的香水在巴黎名聲震響，一路暢銷。

透過這些例子，我們可以歸納出一個結論：推銷商品時，先讓顧客們盡情嘗試，再以動聽的言語打動，是征服不安與懷疑心理的妙招。

要說，就說貼心話

採繞道方式進入正題，是降低戒心的好方法，較可能使顧客高興地接受商品，滿意而歸。

有人說「一句貼心話，招來萬戶客」，實在很有道理。

推銷商品的過程中，適時說出一句貼心話，足以使顧客「忘記」你是個推銷員，而看作自己的知心朋友。一句貼心話，可以有效縮小彼此之間的距離，讓原先持抗拒態度的顧客轉而言聽計從。

如此，既爲產品打開銷路，還等同交到一個朋友。幫助了顧客，當然也幫助了自己，有利無害。

想要貼近顧客，就該善用以下幾種表達技巧：

●捕捉購買慾望，當一個好參謀

商場裡人山人海，川流不息，不過目的在看熱鬧、打發時間的人多，眞正有意願購買商品的人少，是大家共同的感受。

身爲一個好店員，當然不能乾等顧客上門，而應主動貼近，親切攀談，例如下面所舉的例子：

「您穿這套衣服挺合適，顯得高雅，大方。」

一位中年女店員笑瞇瞇地開口，對象是一位正在觀看、挑選各類胡椒的顧客。只見顧客將目光從陳列胡椒的貨架上收回來，滿意地看著自己的衣服。

「哪裡買的呢？簡直像是訂做的一樣合身。」

「是嗎？果然，大家都說好看呢！」那名顧客笑了起來，明顯有一種自豪感油然而生。

「您是想買些胡椒回去，爲先生、孩子做一頓好吃的嗎？」話意一轉，回到了推銷產品、捕捉購買資訊的目的上。

「不，只是隨意看看。聽人家說把胡椒、生薑、蔥、鹽、白糖之類的一起煎了喝，很有驅寒的效果。」

「是的，這是傳統的偏方。有時候，偏方比醫生開的藥還靈呢！買這瓶吧！這個牌子的銷路很好。」

「這樣嗎？只是不知道究竟品質怎麼樣。」

「您放心好了，我們這個商場也是老字號了，不會賣品質不好的東西，破壞自己的信譽。而且，我天天都在這裡上班，若是有任何問題，隨時都可以來告訴我，不用擔心。」

就這樣，顧客高高興興地買了一瓶胡椒。

可以發現，那位女顧客最初並沒有強烈的購買意願，只是在經過調味貨架區的剎那起了一個念頭，所以駐足觀看。店員捕捉了微弱的資訊後，並非單刀直入詢問，而是先從感情上貼近，與顧客親切交談，讓對方自然產生好感，降低戒心，從而對產品產生興趣。

千萬別當顧客的敵人，而更應當扮演「參謀」角色，表現出站在同一陣線的模樣。採繞道方式進入正題，是降低戒心的好方法，較可能使顧客高興地接受商品，滿意而歸。

●不用命令式語氣，多用請求式

要想做成生意，必須先用熱誠去打動顧客的心，喚起他們對你的信任和好感，並因感到備受重視與關懷而高興。

做到這一點的必備條件，就是注意語言的表達技巧，多用「請您等一會兒，好嗎」之類的請求式語氣，避免一切的命令式語氣。

有一位書商，在推銷書籍時，總向顧客提出三個問題：「如果我送您這套十分有趣的、有關個人效率的書，您會讀一下嗎？如果讀了後非常喜歡，您會願意買下嗎？又如果您發現不太有興趣，在無須負擔郵資的情況下，可以把書寄回給我嗎？」

由於語氣親切，措詞謙恭，顧客幾乎找不到說「不」的理由。

此外，遇到猶豫不決的顧客，還可以運用「您先試一試嗎」之類的請求式

語氣，以求打破僵局、有效接近，提高成交的可能性。

●「見什麼人，說什麼話」，措詞要準確、得當

面對隨和型顧客要熱情、有耐心，順水推舟，滿足他們的自尊心；對嚴肅型顧客要真誠、主動，務求以柔克剛，誘使他們開口；面對愼重型顧客要不厭其煩，耐心解答，避免言語唐突，過度刺激；面對情緒型顧客要摸清需求，透過言行取得信任，逐步消除心理壓力，使產生安全感。

說穿了，推銷活動就是一種心理戰，要想貼近顧客，首先得掌握心理，主動迎合情勢和需求的變化，並且務求選擇最恰當對話方式，將「見什麼人，說什麼話」的精神發揮到極致。

用禮貌換得顧客的微笑

你與顧客的關係永遠要和諧、融洽。創造互相愉悅的環境，維持禮貌就是一種非常好的方法。

一個推銷員不但要有良好的專業知能，而且還必須掌握幾種絕招，才能在商場上遊刃有餘。

以下有四項絕招，強大的潛在效果往往被忽略，可是一旦做到了，甚至成爲習慣，效果便相當驚人。雖然一時可能得不到明顯的回饋，累積個幾次，良好的效應便會在客戶心中滋長。

•微笑

在顧客面前，流露出自然而甜美的微笑，不僅給人一種親近、友善、和悅的感覺，也讓人在心中留下美好難忘的第一印象。留下美好的第一印象，就是踏出成功的第一步。

微笑的技巧是要掌握分寸，淡淡一笑，眞誠的態度，微微地點頭，即不能做作，也不應過分，出自內心的笑容才是自然的。

一次完美的微笑，可以讓對方感到親切，進而產生好感，下一步的銷售活動就可順利地進行了。

●傾聽

傾聽是對發言人的尊重與禮貌，對談話內容有興趣，同時表示聽話人的誠意。傾聽對發言人來說，使他滿足了發表欲；對一個心中有苦悶的人來說，不僅發洩了積怨，進而會將對方看作「知己」。

傾聽，對於一位不滿的顧客更是重要，推銷員必須誠意地傾聽，才能使顧客心悅誠服，化抱怨爲祥和。

傾聽的技巧如下：

1.眼睛要注視對方，眼睛除能看物外，還會產生感情，用這種感情與顧客互相交流，效果最好。

2.臉部要表示出誠意與興趣，無論對方談話內容如何，必須真誠、有興趣地聽下去，使對方引為知己。

3.對方未說完話不可中途打斷，就算有意見或疑問，也別在對方尚未說完時插嘴，這是最不禮貌且易惹人反感的。

●讚美

到一個陌生的環境中，可以環顧四周，然後適當地加以讚美，例如「哦！您的房間真乾淨、清爽」、「您家的擺設淡雅舒心」、「實在富麗堂皇」、「非常古香古色、幽雅大方」等等。

讚美必須由遠而近，從物到人，由衷地發自內心，不能強裝、做作，更不能阿諛奉承。

成功推銷員的共同特點，就是引起顧客的好感，接下去什麼事都好商量。

•多說「請」和「謝謝」

不管感謝任何人所做的任何事，都會讓客戶的自我肯定度上升，你會讓他覺得自己更有價值也更重要。

同時，自己也會得到好處。每次你向客戶表達感謝時，你的自我肯定度也會隨之提升，你會覺得更加快樂、覺得更有自信及勇氣，會覺得做事更有效率和效果，對自己的成功更有把握。

一定要養成隨時隨地感謝他人所做所爲的習慣，對客戶的禮貌一定要眞誠。你是否有禮貌，別人一清二楚，你不僅要對客戶有禮貌，多說「請」或「謝謝」，同時也要對客戶公司上下每個人都保持禮貌。這種舉止行爲，讓客戶在公司同事面前覺得有面子，客戶會很高興你這樣做。

或許過分的禮貌會讓你覺得自己像是個小學生，或許看起來有些老套，而且顧客也未必像你一樣有禮貌，但是你要了解，禮貌本來就不是顧客的職責。

中國有句俗話說「禮多人不怪」，需牢記在心。

「請」和「謝謝」是與顧客建立密切關係以及提高顧客忠誠度的有力言辭，這些話不僅容易說出口，也非常值得努力去說。

你與顧客的關係永遠要保持和諧、融洽，爲了創造互相愉悅的環境，多說「請」和「謝謝」，就是一種非常好的方法。

其實，顧客並不難取悅，只要方法正確，大部分的顧客很容易感到愉悅，只有極少數是徹底不可能被取悅。

人際交往的最高原則就是求同存異，每個人都有他的獨特之處和人格魅力，我們要學會欣賞每個人的不同之處，了解他們。

禮貌是最容易做到的第一步，請先讓禮貌成爲你的外貌，再進而使用適當的說話方式，來面對每個不一樣的人。

圓融推銷，當然有訣竅

好的說話技巧，不是要你花言巧語去欺騙顧客，而是要以真誠為出發點，利用技巧把話適當地加工，達成交易。

說話技巧是推銷員的必備技能，好口才在消極面可以化解尷尬、避免爭論，從積極面來看，則可以讓你的顧客心甘情願掏腰包，甚至覺得賺到了，開開心心完成一場交易。

以下有七大技巧，你可以像在拼玩七巧板般將這七塊板子互相組合運用，把話說得更漂亮。

- 少用否定句，多用肯定句

肯定句與否定句意義恰好相反，不能亂使用，如果運用得巧妙，肯定句可以代替否定句，而且效果更好。

顧客問：「這種衣服還有紅色的嗎？」

若推銷員回答「沒有」，就是否定句。

顧客聽了這話，一定會說：「那就不買了。」於是轉身離去。

如果推銷員換個方式回答，顧客可能就會有不同的反應，比如說：「真抱歉，紅色的進貨少，已經賣完了，不過，我覺得藍色和白色和您的氣質更相稱，您可以試一試。」

肯定回答不僅巧妙解決缺貨的尷尬，還會使顧客對其他商品產生興趣。

●採用先貶後褒法

推銷員在介紹商品時，要實事求是，但對商品的優缺點介紹仍應有所側重。

請比較以下兩句話：

1. 價錢雖然稍高一點，但品質很好。

2.品質雖然很好，但價錢稍微高了一點。

這兩句話除了順序顛倒以外，字數和措辭並沒有太大變化，卻讓人產生截然不同的感覺。

先看第二句，客觀存在的重點放在「價錢」高上，因此，顧客可能會產生兩種感覺：其一，這商品儘管品質很好，但也不值那麼多；其二，這位推銷員可能小看我，覺得我買不起這麼貴的東西。

仔細一分析，第一句，它的重點放在「品質好」上，所以顧客就會覺得，正因爲商品品質很好，所以價錢才高。因此，在向顧客推介商品時，應該先提商品的缺點，然後再詳細介紹優點，也就是先貶後褒。

•言詞生動，語氣委婉

在先貶後褒的同時，要注意言詞生動，語氣委婉。

請看下面三個句子：

1.「這件衣服您穿很好看。」

2.「這件衣服很高雅，您穿上像貴夫人一樣。」

3.「您穿上這件衣服，至少年輕十歲。」

第一句話說得很平常，第二、三句就顯得比較生動、具體，顧客聽了，即便知道你是在恭維，心裡也很高興。

除了語言生動之外，用詞委婉也很重要。對一些條件特殊的顧客，要把忌諱的話說得中聽，讓顧客感受到你的尊重和理解。比如對較胖的顧客，不說「胖」而說「豐滿」；對膚色較黑的顧客，不說「黑」而說「膚色較暗」；對想買低價品的顧客，不要說「這個便宜」，而要說「這個價錢比較適中」。

有了這些語言上的藝術處理，顧客會感到更舒適。

•「是，但是」法

回答顧客異議時，這是一個廣泛應用的方法，它非常簡單，也非常有效。具體來說，就是一方面表示同意顧客的意見，另一方面又解釋了疑惑產生的原因及顧客看法的片面性。

例如，一家園藝店裡，一位顧客正在打量著一株非洲紫羅蘭。

顧客：「我一直想買一棵非洲紫羅蘭，但聽說很難開花，我的一位朋友家中的就從沒開過。」

店員：「是的，您說得對，很多人的紫羅蘭開不了花。但是，如果您給予適當的栽培，它肯定會開的。這個說明書將告訴您怎樣照顧紫羅蘭，請按照上面的要求去做，如果仍不開，可以退回。」

這位推銷員用一個「是」對顧客的話表示贊同，用一個「但是」解釋了紫羅蘭不開花的原因，可以讓顧客心情愉快地改變對商品的誤解。

有時，顧客可能提出商品某個方面的缺點，推銷員則可以強調商品的優點，以弱化被提出的缺點。

例如，推銷員這樣說：「這種沙發，表面是用漂亮的纖維織成的，坐在上面感覺很柔軟。」

顧客：「是很柔軟，但很容易髒。」

推銷員：「您說的是幾年前的情況了，現在的纖維織物都經過了防汙處理，而且具有防潮性，即便弄髒了，污垢是很容易除去的。」

●引導法

對於欲購買商品的顧客，推銷員有時可以透過提問的方法引導，讓顧客自我排除疑慮，自己找出答案。

例如，一位顧客進入商店看暖氣機，並直接表示：「我想買一台價錢便宜點的暖氣機。」

推銷員：「便宜的暖氣機一般都是小型的，您想要小一點的嗎？」

顧客：「我想，大概量販店裡的會便宜一點。」

推銷員：「可是那裡的暖氣機，品質明顯比較差吧！」

顧客：「哦，這樣說也是……」

透過提問，推銷員能讓顧客對於各種型號的商品有一定了解，以幫助進行客觀的比較。

●展示流行法

這種方法就是推銷員透過揭示當今商品流行趨勢，勸導顧客改變自己的觀點，從而接受推薦。這種方法，一般適用於對年輕顧客的說服。

例如，一位父親想給年幼的兒子買輛玩具賽車。他們來到一家玩具店，兒子想要一輛黑色的賽車，但卻剛好賣完，店員勸說買別的顏色，可是那位孩子固執己見，非要一輛黑色的不可。

這時，經理走過來，笑著說：「小朋友，你看看大街上跑的車，幾乎全是紅色的喔！」

一句話讓孩子改變了主意，欣然選擇了紅色的玩具賽車。

●直接否定法

當顧客的異議來自不眞實的資訊或誤解時，可以使用直接否定法。

例如，一位顧客正在觀看一把塑膠柄的鋸。

顧客：「爲什麼這把鋸子的柄用塑膠而不用金屬製的呢？看起來必定是爲

了降低成本。」

推銷員：「我明白您的意思，但是改用塑膠柄絕不是爲了降低成本。您看，這種塑膠很堅硬，和金屬一樣安全可靠。很多人都喜歡這種樣式，因爲它既輕便，又便宜。」

以直接否定法駁斥顧客的意見，只有在必要時才能使用。而且，採用此法說服顧客時，一定注意語氣要柔和、婉轉，讓顧客覺得你是爲了幫助他才提出反駁，而不是有意要和他辯論。

話人人會說，但巧妙各不相同。赤裸裸的內容經過大腦的適度修飾、包裝後，尖銳的言詞可以變得圓滑，忌諱的事實能讓顧客舒服地接受，非顧客在聽了你的話後變成顧客，原本有意願要購買的顧客也能更高興地購買。

但這不是要你花言巧語去欺騙顧客，而是要以眞誠爲出發點，拿出同理心站在顧客的立場，不扭曲事實，利用技巧把話適當地加工，用對方能欣然接受的方式輸送出去，達成交易。

講究你的服務態度

基本服務用語是推銷或服務人員的基本功，需要你打從心底說出口，才能打動顧客。

服務用語是推銷工作的基本，怎樣使每一句服務用語都發揮它的最佳效果？就要求推銷員講究語言的藝術性。

服務用語不能一概而論，我們應根據推銷性工作內容的服務要求和特點，靈活地掌握。

推銷中常用的基本用語很多，這裡列舉數例：

1. 迎客時說「歡迎」、「歡迎您的光臨」、「您好」。
2. 對他人表示感謝時說「謝謝」、「謝謝您」、「謝謝您的幫助」。

3.接受顧客的吩咐時說「明白了」、「清楚了，請您放心」。

4.不能立即接待時說「請稍候」、「麻煩您等一下」、「馬上就來」。

5.對在等候的顧客說「讓您久等了」、「對不起，讓您們等候多時了」。

6.打擾或給顧客帶來麻煩時說「抱歉」、「實在對不起」、「打擾您了」、「給您添麻煩了」。

7.由於失誤表示歉意時說「很抱歉」、「實在很抱歉」。

8.當顧客向你致謝時說「請別客氣」、「不用客氣」、「很高興為您服務」、「這是我應該做的」等。

9.當顧客向你致歉時說「沒有什麼」、「沒關係」、「算不了什麼」。

10.聽不清楚顧客問話時說「對不起，請您重複一遍好嗎」。

11.送客時說「再見，一路平安」、「再見，歡迎您下次再來」。

12.當要打斷顧客的談話時說「對不起，我可以佔用一下您的時間嗎」、「對不起，耽擱您的時間了」。

在推銷接待中，使用禮貌用語應做到自覺、主動、熱情、自然和熟練。把

「請」、「您好」、「謝謝」、「對不起」等最基本禮貌用語與其他服務用語密切結合起來，加以運用，將會使進展更順利。

●使用正確的服務禮貌用語

推銷員該如何正確使用禮貌服務用語？

歸納起來，大致有以下幾點，值得我們在運用中特別注意：

1. 注意儀態。

每一個推銷員都應注意說話時的儀態。與顧客對話時，首先要面帶微笑地傾聽，並透過關注的目光進行感情的交流，或透過點頭和簡短的提問、插話，表示你對談話的注意和興趣。

爲表示對顧客的尊重，一般應站立說話。

2. 注意選擇詞語。

在表達同一種意思時，由於選擇詞語的不同，有時會有幾種說法，由於方式不同，往往會給顧客不同的感受，產生不同的效果。

例如，「請往那邊走」使顧客聽起來覺得有禮貌，如把「請」字省去了，變成「往那邊走」，在語氣上就顯得生硬，變成命令，這樣會使顧客聽起來感到刺耳，難以接受。

另外，在服務中，要注意選擇客氣的用語，如以「用飯」代替「要飯」，用「幾位」代替「幾個人」，用「貴姓」代替「您姓什麼」，用「去洗手間」代替「去大小便」，用「不新鮮，有異味」代替「發霉」、「發臭」，用「讓您破費了」代替「按規定要罰款」等等。

這樣，會使人聽起來感到文雅，免去粗俗感。

3.注意語言簡練。

在推銷過程中，與顧客談話的時間不宜過長，因此需要用簡練的語言以進行交談。交談中，推銷員如果能簡要地重複重要內容，不僅表示了對話題的專注，也使對話的重點部分得到強調，使意思更明白，減少誤會。

4.注意語言音調和語速。

說話不僅是在交流資訊，同時也是在交流感情。

複雜的情感往往透過不同的語調和速度表現出來，如明快、爽朗的語調會使人感到大方的氣質和親切友好的感情；聲音尖銳刺耳或說話速度過急，使人感到急躁、不耐煩的情緒；有氣無力，拖著長長的調子，會給人一種矯揉造作或虛弱之感。

因此，與顧客談話時，掌握好音調和節奏是十分重要的。我們應透過婉轉柔和的語調，創造和諧的氣氛和語言環境。

基本服務用語是推銷服務人員的基本功，抱著執行例行公事的態度，說出來的話是沒有情感的，除非打從心底說出口，否則不可能打動顧客。

5.
PART

讓說出的每一句話都奏效

一句話看似簡短，
說得好能讓你的推銷加分，
如果句句正中紅心，
一場對話累積下來，
客戶非你莫屬。

懂得看時機，說話才適宜

當顧客有問題時，推銷員的應答便成為最即時的回應，越即時的回應，說話越要小心，因為影響往往最大。

從事推銷工作多年的推銷員大多有同樣感覺，接待顧客，最困難是在於尊敬語的使用。由於對象不同，使用的尊敬語也有區別。

另外，現代社會步調快速，成功的推銷員或服務人員面對顧客的要求，一定要給予即時的回應，在不同的時機說不同的話，做到即時又優質。

作爲推銷員，依使用時機不同，可將敬語分爲幾種：

●接待顧客

1. 接待顧客時應說：

歡迎光臨。

謝謝惠顧。

2. 不能立刻招呼客人時：

對不起，請您稍候！

好！馬上去！請您稍候。

3. 讓客人等候時：

對不起，讓您久等了。

抱歉，讓您久等了。

不好意思，讓您久等！

• 拿商品給顧客看

是這個嗎？好！請您看一看。

• 介紹商品

我想，這個比較好。

• 將商品交給顧客

讓您久等了！

謝謝！讓您久等了！

• 請教顧客

1. 問顧客姓名時：

對不起？請問貴姓大名？

對不起！請問是哪一位？

2. 問顧客住址時：

對不起，請問府上何處？

對不起，請您留下住址好嗎？

對不起，改日登門拜訪，請問府上何處？

• 更換商品時

1. 替顧客更換有問題的商品時：

實在抱歉！馬上替您換。

很抱歉，馬上替您修理。

2.顧客想要換另一種商品時：

沒有問題，請問您要哪一種？

●送客時

謝謝您！

歡迎再度光臨！謝謝！

●向顧客道歉時

實在抱歉！

給您添了許多麻煩，實在抱歉。

敬語的使用並非一成不變，若能做到視情況應變，加上誠心，相信客戶可以感受到你的尊敬。

另一方面，推銷員在工作崗位上服務時，常常需要針對顧客的疑問給予回應，或者對顧客的召喚做出反應。服務過程中，所使用的應答用語是否恰當，往往直接反應了服務態度、服務技巧和品質。

整個服務過程中，推銷員隨時都有可能需要使用應答用語，由此可見使用範圍之廣泛。

推銷員在使用應答用語時，基本的要求是：隨聽隨答，有問必答，靈活應變，熱情周到，盡力相助，不失恭敬。就應答用語的具體內容而論，主要可以分為三種基本形式，在某些情況下，相互之間可以交叉使用。

• 肯定式的應答用語

主要用來答覆服務對象的請求。重要的是，一般不允許推銷員對於服務對象說一個「不」字，更不允許對狀況置之不理。

這一類的應答用語主要有「是的」、「好」、「隨時為您效勞」、「聽候您的吩咐」、「很高興能為您服務」、「我知道了」、「好的，我明白您的意思」、「我會儘量按照您的要求去做」、「一定照辦」等等。

• 謙恭式的應答用語

當服務對象對於被提供的服務表示滿意，或是直接進行口頭表揚、感謝時，一般會用此類應答用語進行應答。

它們主要有「這是我的榮幸」、「請不必客氣」、「這是我們應該做的」、「請多多指教」、「您太客氣」、「過獎了」。

●諒解式的應答用語

在服務對象因故向自己致歉時，應及時予以接受，並表示必要的諒解。常用的諒解式應答用語主要有「不要緊」、「沒有關係」、「不必，不必」、「我不會介意」等等。

當顧客有問題時，推銷員的應答便成爲最即時的回應，越即時的回應，說話越要小心，瞬間、立即的一兩句話，給人的印象和影響往往最大。因此，顧客的反應必回，而且要回得好；和顧客應對進退時，必「敬」。

說話的藝術不是一朝一夕可達成，但從生活中細細體會，不斷改進，說出適當的話並不那麼難。

讓消費心甘情願

有些顧客確實無購買能力，有些卻是想進行討價還價，推銷員一定要仔細分析其真正原因，加以擊破！

在推銷過程中，推銷員往往會聽到顧客說出這樣的話：「哎呀！這東西價格太高了，我們買不起。」

如果此時推銷員回答「不會啦！這怎麼會貴呢？就它的性能來說算是便宜的啦」，或「您覺得價格太高是嗎？我們可以商量看看，或許您可向銀行貸款，或利用分期付款來購買」等言辭，絕對是最不理想的應對方法。

一股勁地訴說「費用不高」的理由，也是不明智的應對。

應以如下的言辭來說服對方：「您說得不錯，現在一下子要您拿出這麼大一筆錢來，的確是一筆沉重的負擔，但是您想想看，這種東西不是用一、兩年就會壞的，只要使用方法正確，用個十年應該沒有問題。我們不要說十年，就以五年來算，則一年只要花一千兩百元，再除以十二個月，每月只需要一百元，換言之，每天只要三元而以。」

「老闆！您抽的是什麼牌子的香煙呢？這三元也不過是您每天抽一、兩支煙的錢，算起來很便宜不是嗎？如果您冬天也繼續做生意的話，那麼，不到一年就賺回本錢，接下來就是純利了。」

先贊同對方的說法，再將費用化整爲零，讓顧客感覺其實商品的價格並不貴。破除了這項疑慮後，再提出產品的優點，自然水到渠成。

再看看以下的說法：「先生，你別想得太嚴重，一天只花兩元，就好像買糖果、玩具那樣，或是用你抽根煙、喝喝咖啡的心情來買這個商品就行了。您也知道，現在喝一杯咖啡要花幾十元，假如您稍微節省一下的話，就可買這商品了，一天只要花兩元。」

「花一點點的錢，就可以使你可愛的寶寶的腦細胞順利地發育，並且成爲聰明的孩子，以後考上好學校，非常值得啊！」

「假如您要到書店去找這種書，一定不知道應該買哪一本，才會對自己的孩子有幫助，所以買回家的都是一些普通書刊。因此，您更應該選擇這本經過很多教育專家花費好幾年的功夫才編出的《學習百科事典》，這對您的孩子會有很大的幫助。」

「家庭教育好壞，可能會使孩子成爲一個天才，也可能變成一個壞孩子。普通書刊與有關教育方面的書籍的性質是不一樣的，如果您要買的話，應該買由教育家經過研究而寫出來的好書，對於孩子們的身心成長以及課業方面才有幫助，您認爲呢？」

「請聽我說幾句話，反正半年後或者一年後總要買這本書，同樣是要買，那麼早一點買，對您的孩子而言更有利。相反的，如果以後絕對不買這種書，當然我就沒什麼話好說了。不過，如果今後一定要買，就請您早一點買，如此幫助必定更大、更明顯。」

有時，顧客之所以認爲某種產品太貴了，就是因爲對價格產生了疑慮，它

表現在顧客以資金困難或沒錢爲理由而設置的推銷障礙，可能是「我想要一件，可我現在沒有那麼多錢」、「分期付款可以考慮」、「如果能再便宜一點，我就買……」等等。

這種異議有眞實和虛假之分，有的顧客確實無購買能力，有的在以此進行討價還價，還有一些以此爲藉口拒絕推銷。

遇到財力異議的障礙，推銷員一定要仔細分析眞正原因，加以擊破！不能因爲「沒錢」就一下子洩了氣，想著：「唉，沒錢，不用再費口舌，算了吧！」從而輕而易舉地放棄推銷。

看看下面的例子：

「不好意思，我們目前沒有錢，等我有錢再買。」

雖被拒絕，但這位推銷員看到女主人懷裡抱著一隻名貴的狗，計上心來。

「您養的這小狗眞可愛，一看就知道是很名貴的品種。」

「是呀！」

「您一定在牠身上花了不少錢和精力吧！」

「沒錯。」

女主人開始眉飛色舞地向推銷員介紹自己爲這條狗所投入的金錢和精力，且一臉得意。

「那當然，這不是一般階層能做到的，就像這化妝品，價錢比較貴，所以使用它的女士都是高收入、高社會地位的。」

一句話切入重點，說得女主人再也不能以沒錢爲藉口，反而非常高興地買下了一套化妝品。

商業上，進行說服的最終目的都在完成交易，但不能「強迫購買」，而要巧妙運用見什麼人，說什麼話的精神，讓消費者心甘情願。

挑逗你的顧客

語言推銷固然重要，動作推銷也不可忽略。所以，語言推銷應和動作推銷互相搭配。

生產的目的，就是要把產品銷售出去。

不同的商店，在不同的時間內，因爲選定的目標市場和銷售對象不同，需製造的形象和採取的活動也不同。

然而，任何成功的推銷，都離不開推銷語言藝術。以下提供三點：

- 激發情趣

客人來飯店消費，是爲了獲得物質和精神享受。服務員的推銷語言，一定要能夠引發情趣，才能達到促銷的目的。

一間大餐廳裡，客人指著菜譜問：「宋嫂魚羹是怎樣的一道菜？」上菜的服務員答不上來，十分狼狽。

餐廳主管小郭聽了，立刻憑自己平時閱讀《杭州菜譜》的知識，向客人娓娓道來：「這裡有一個典故，宋高宗趙構曾閒遊西湖，有一位賣魚羹的婦人叫宋嫂，高宗命她上船做魚羹，吃了十分讚賞。後來，宋嫂魚羹也就成了馳譽京城的名餚了。這道菜裡有新鮮鱖魚、熟火腿、筍肉、香菇、雞蛋黃等，顏色亮黃，味似蟹羹，是杭州的傳統風味名菜。」

客人聽得入迷了，連連點頭道：「我們就要嚐嚐這『宋嫂魚羹』！」用餐後，他們還在餐廳訂了一桌有「宋嫂魚羹」的酒席。

從這事例看來，如果服務員一問三不知，就無法引起客人消費的興趣，而主管小郭正是透過平時的知識積累，採用有較濃藝術味的敘述，吸引客人，引發情趣，鼓勵了對方的消費慾望，以達到推銷的目的。

推銷必須具專業，富知識。如果一個餐廳服務員對餐飲部的有關狀況，本

部門有哪幾類餐廳，當天廚房有哪些新菜式供應等都一無所知，或知之不詳不確，就很難做好服務工作。

一位朋友就說過這樣一段就餐經歷：他想換換口味，走進一家地方風味餐廳，服務員斟茶遞巾，非常熱情。

朋友開口問：「今天有什麼新菜？」

服務員指著菜譜：「我們提供的菜都寫在這上面了，您要點什麼？」

朋友聽了很失望，頓感興致全無，最後，只有隨便點了幾樣菜了事。因爲服務員失敗的推銷語言，使餐廳失去了一次很好的機會。

●刺激慾望

推銷語言一定要突出要點，這個「要點」就是最有吸引力的語言，它是商品的「重點」，能刺激客人消費的慾望。

如果一個服務員問客人：「您喜歡飲料嗎？」這個問題可能從客人那裡得到否定的回答。

與此相反的，服務員應該問：「我們有椰汁、芒果汁、雪碧和可口可樂，您喜歡哪一種？」

服務員的推銷語言，最重要一點，就是要把食品的「要點」指出來，以刺激顧客的食慾。

美國推銷大王惠勒有一句名言：「不要賣牛排，要賣鐵板燒。」這話是很能說明問題的。如果要想勾起顧客吃牛排的慾望，將牛排放在客人面前，固然有效，但最令人無法抗拒是煎牛排的「滋滋」聲，客人會想起牛排正躺在黑色的鐵板上，渾身冒油，香味四溢的情景，不由得嚥下口水。

「滋滋」的響聲就是服務員針對客人推銷的要點，它會眞正地引起客人對這食品的感情。

•揚長避短

因客人的喜與厭，採用揚長避短的推銷方法，也是語言藝術的要點。

某間餐廳曾經接待過一對來自香港的老夫婦，他們一坐下來就埋怨這埋怨

那，服務員爲他們斟上茶後，老婦人語氣生硬地說：「我要龍井。」

而剛好當時餐廳沒有龍井茶，服務員就向她解釋道：「這是我們特地爲您準備的紅茶，餐前喝紅茶好，可以消食開胃，對老年人尤爲合適，而且價格不貴。如果您想喝龍井茶，隔壁商場有，您們吃完飯可以買一些回去。」

後來，老先生點菜時，老婦人又說道：「現在的蔬菜都太老了，我們要這幾個就行了。」

這時，服務員馬上順著她的意思說：「對！現在蔬菜都太老了，咬不動，我們餐廳有炸得很軟的油燜茄子，菜單上沒有，是今天的時新菜餚，您們運氣眞好，嚐一嚐吧！」

老婦一聽動心，於是菜單上多了一道原本沒有的菜餚。

語言推銷固然重要，動作推銷也不可忽略。餐廳食品的擺設和烹調表演在一定程度上影響著客人的購買行爲，影響客人對品質和價値的看法，更影響客人的食欲，最終決定了銷售額。所以，語言推銷應和動作推銷互相搭配，配合對象和狀況調整，這樣才能贏得新客源及更多回頭客。

把陌生人變成自己人

要在幾秒內，只用幾句話，配合推銷動作，吸引、刺激購買慾，把陌生人變成顧客。

要接近顧客，你的開場白十分重要，推銷員的開場白會立即造成第一印象，不論好壞，都可能直接決定這筆銷售的命運。好的開場白加上推銷動作，將有助提升你的銷售業績。

你可以使用以下八種方法接近顧客：

•喚起顧客注意

推銷員接近顧客的目的，是喚起注意，使顧客的注意力轉向推銷員的介紹。

心理學家發現，推銷介紹前十秒鐘裡所獲得的注意，比之後十分鐘內獲得的注意還要更多。因此，推銷員應該說好第一句話。

對推銷人員來說，怎樣說好第一句話尤爲重要。第一句話就應該把顧客的注意力吸引過來，作用如同廣告中一條醒目的標題一樣。

一般情況下，最好能直接切入正題，如一位上門推銷空調的推銷員，見到顧客一開門，立即問：「您的空調好用嗎？」

不管顧客回答說還沒裝，還是說不太好使用，推銷員都可順勢把自己的產品推薦出去。

但許多場合下，開頭不可避免地要進行一次自我介紹和熱情問候。如果是熟人就更難，不能每次都自我介紹，又不能每次都是同一套。所以，語調應生動、親切、簡練，熱情而不誇張，新鮮而不老套。

常用的客套話，有以下幾種：

1. 稱讚顧客。

稱讚顧客或獻殷勤，是喚起注意的最有效方法之一。

作爲推銷員，應該對顧客彬彬有禮，說幾句讚美之詞並不失身份，而且對推銷大有助益。讚美的方式很多，從顧客的服飾，年齡，身體健康，辦公室的佈置等等，只要留心，可讚美的對象數不勝數。

切記，讚美要看狀況與對象，掌握火候、把握分寸，過度的言詞可能給人油嘴滑舌的不良印象。

2. 談新聞。

新近發生的重大事件往往是人們關注的焦點。談新聞不僅能很快喚起顧客的注意和興奮，而且處理、聯繫得好，更能直接過渡到正題的切入點。

除此之外，可談的新聞還很多，如國內外政治、經濟最新動態，最新的商品，重大體育賽事等等。

3. 提建議。

如果知道客戶正面臨什麼難題，而在解決難題上又有忠告可提，那麼推銷人員應抓住時機提出建議，以求喚起注意，如批發商可憑藉專業知識和資訊靈通的特長，向零售顧客提出有用的建議，包括某些商品銷售前景的預測，陳列設計，店內佈置，廣告宣傳等等，都很有效。

•介紹接近法

這種方法，是推銷人員透過自我介紹或他人介紹來接近顧客。

自我介紹，主要可藉口頭介紹、身份證件與名片來達到接近顧客的目的。他人介紹，是借助與顧客關係密切的第三者的介紹來達到接近目的，形式有信函介紹，電話介紹或當面介紹。

介紹接近法的作用，主要在於推銷人員向顧客介紹自己的身份，以求得對方的了解和信任，消除戒心，爲推銷創造舒適的氣氛。

有一種較另類的自我介紹開場白：「我叫某某某，雖然說你並不認識我……」，這種介紹法幽默而直接，但在使用時要小心，如果對方看起來個性開朗，可以使用這種方法；如果對方看似內向，這種方法可能會嚇到他。

所以要因人而異，使用不同的說話方法。

● 尋求幫助法

人性本善，推銷員可以喚起對方的助人之心，請求幫助，接著再開始眞正打算進行的話題，這類的開場白有「您能不能幫我……」、「我需要您幫我一些忙……」等等。

用這種方法，記得態度要親切溫和，口氣放軟，千萬不要明明是找人幫忙，卻搭配上強勢的口氣，那當然達不到目的。

● 產品接近法

推銷人員直接利用推銷品引起顧客的注意和興趣，進而轉入面談的一種接近方法。這種方法的最大特點，就是讓產品作自我推銷，讓顧客接觸產品，透過產品自身的吸引力，引起顧客的注意和興趣。

● 饋贈接近法

推銷人員利用饋贈物品，免費品嚐的方法吸引並喚起顧客的注意。這種方

法尤其適合新型產品的推銷，在各大商場客流密集處更能發揮效能。

使用此方法時，推銷人員應注意，饋贈的物品要適當，方便顧客拿取或品嚐，使用的語言要熱情、主動。

•利益接近法

推銷人員首先強調商品能爲顧客帶來的利益，以引起注意和興趣，達到接近的目的。例如：「這是公司最新推出的新型石英多功能鬧鐘。它既可以擺在書桌上，外出旅行時，又可以合起來放在枕邊床頭，非常實用。」

「功能就更不用說了，光鬧鐘設置方式就有好幾種，既可以定時，還可以選定某月、某年、某時鬧鈴，非常方便。振鈴音響也有多種選擇，可以滿足不同顧客的喜好。除此之外，這種鬧鐘還有計算、記事的功能。在推展月裡，特價優惠五%。」

以實際利益去接近並打動顧客，常常是行之有效的重要的推銷手段。利益接近法符合顧客購買商品時的求利心理，直接了當地告知購買該商品所能獲得的實際利益，能有效引導消費。

但使用這種方法時，應實事求是，講求商業信譽，不可浮誇，更不能無中生有，欺騙顧客。

●好奇接近法

利用好奇心理接近目的的方法，推銷人員運用各種巧妙的方法及語言藝術喚起顧客的好奇心，引導注意力和興趣，達到推銷目的。

例如，一位推銷新型印表機的推銷員，在推開顧客辦公室門時，就說：「您想知道一種能使辦公效率提高，又能有效降低成本的辦法嗎？」

這些想法正是一般辦公部門努力追求的目標，而對主動送上門來的良計佳策，誰不爲之動心呢？

當顧客的好奇心被緊緊抓住以後，推銷人員應不失時機，巧用推銷技巧和語言藝術，因勢利導，強化顧客的注意和興趣，進而實現自身目的。

•展示接近法

意指透過對商品的展覽、演示，以引起顧客的注意和興趣。

這是一種古老的推銷術，在現代行銷中，仍有重要的利用價值。例如，某一推銷聲控魔術方塊玩具的推銷員，坐定之後，並不急於開口說話，而是取出一個小巧玲瓏、色彩艷麗正四方體「木箱」放到顧客的面前，隨著推銷員的一聲拍掌，小木箱不但搖晃起來，同時還用幾種語言發出「讓我出去」叫聲，彷佛眞鎖住了一個急於外逃的魔鬼。

一場形象生動、直觀的展示，勝過推銷人員繪聲繪影的描述，使顧客直接地獲得了直覺印象。接著，推銷人員如能不失時機地發揮語言藝術的作用，熱誠地爲顧客釋惑解疑，闡明產品價格定位及廣闊的市場前景，就能爲最後的成交打下良好的基礎。

推銷員能用的時間是很短的，所以更要在幾秒內，讓每一句話發揮功效，配合推銷動作，吸引、刺激購買欲，把陌生人變成顧客。

會話式推銷，接受度更高

用會話的方式和顧客進行推銷，能深入了解這位顧客朋友的需求，縮短你們之間的距離，建立長久關係。

怎樣與顧客進行推銷訪問？特別是第一次與新顧客見面。這是所有推銷員都必須面對的問題。

使推銷成功的途徑並非一成不變，可以說多種多樣、千變萬化，會話式推銷訪問就是一種相當成功的方法。

- **會話式推銷訪問程式**

1. 在接受推銷技巧認訓練以前，建立明確的訪問推銷程式觀念。
2. 討論各個推銷程式時，能夠清楚地了解在推銷訪問中的個別意義。

•會話式推銷程式的意義

1. 在訪問顧客以前，能夠依「會話式推銷訪問程式」的五個步驟去計劃及準備推銷訪問。

2. 充滿信心按照「會話式推銷訪問程式」的五個步驟，以獨立自主的態度和精神去訪問顧客。而這五個步驟，下列將會說明。

3. 訪問顧客後，能夠按照「會話式推銷訪問程式」的五個步驟檢討訪問經過，並制定改善計劃。

•會話式推銷訪問的重點

1. 訓練業務代表，在訪問過程中應用最簡易的「會話式推銷訪問程式」，建立融洽的商談氣圍。

2. 訓練業務代表，不光了解自己的產品，更能對不同類型的顧客演習「會話式推銷訪問程式」。

•會話式推銷訪問的效果

1. 業務代表在訪談時較容易進入狀況，談笑自如。
2. 顧客在面對業務代表時，因減少抵制心理而樂於談論，容易建立長久且正向的雙方關係。
3. 能夠讓業務代表更了解顧客需求，並有利於提供協助。
4. 推銷員容易儘快進入角色，避免因摸索而浪費時間。

以下，則是會話式推銷的五個實施步驟：

● 會見顧客

建立關係技巧——和諧、誠懇的表現與設身處地的談吐。

1. 遞交名片，自我介紹。
2. 以和諧、誠懇的眼神看著對方。
3. 簡潔說明來意、工作內容。
4. 附和對方的話題，表示出濃厚興趣。
5. 心平氣和地傾聽對方的講話，表示了解。
6. 有禮貌的談吐，尊重對方的稱呼。

7. 謙虛的敘述，以對方的談話為中心。

• 界定顧客需求

診斷分析技巧——用適當的方式探詢產品使用的相關問題後，細心聆聽，協助界定並解決需求。

1. 以關心的口吻探詢產品使用的問題。
2. 在對方敘述時注意聆聽，重複對方的話以澄清內容。
3. 提起競爭產品時不可批評。
4. 若有不明顯的需求，可以用暗示以打聽目的。
5. 舉出別人使用本公司產品而獲得的好處，或欣賞的要點。

• 以產品的利益配合顧客需求

摘要指示技巧——將產品特定的利益配合顧客顯示需求，並將利益連接在產品的特徵上。

1. 將產品特定的利益配合顧客提出的需求。
2. 將利益和產品的特徵連結。

3. 避免滔滔不絕地講個不停。
4. 時時探詢對方的反應，不可搶詞。
5. 不可有強詞奪理的言辭與舉動。

• **觀察顧客的態度**

觀察態度技巧——觀察顧客的接受性，化解不以爲然，猜疑，反對意見，推託等反應態度。

1. 對顧客反對表示了解，重述要點加以核對是否會意。
2. 提出解決的意見或答覆猜疑要點。
3. 以解決意見建議供對方參考，求得同意。
4. 對不明白的內容要做筆記，誠實應對，不可編造謊言。
5. 若有無法當面解決的事項，約定查明後答覆。

• **締結會話**

締結技巧——摘要討論後同意的要點，請求採取特定行動。

1. 摘要已經同意或經過澄清的要點。

2. 提出建議，請求採取行動，必須以誠懇的眼神看著對方。

3. 以充滿信心的口氣，強調對方的利益要點。

4. 從不同角度再試試，以取得同意。

5. 不可表現耍賴的態度，感謝顧客給予談話的機會。

會話式推銷訪問，就像在了解你的一位朋友一樣，用會話的方式和顧客進行推銷，能讓你深入了解這位顧客朋友的需求，縮短彼此之間的距離，建立長久的關係。這一點，在和新顧客第一次見面時甚爲重要。

這種策略，就是「見什麼人，說什麼話」精神的最好運用。

讓說出的每一句話都奏效

一句話看似簡短，說得好能讓你的推銷加分，如果句句正中紅心，一場對話累積下來，客戶非你莫屬。

在實際推銷進行過程中，巧妙地使用語言，是推銷成功的關鍵。那麼，該如何使用推銷語言才算巧妙呢？下面介紹八種方法：

・選擇問句

例如：「您是要茶還是要咖啡？」

・語言加法

羅列各種優點，例如：「這道菜不僅味道好，原料也十分稀少難得，含有多種營養，還對虛火等症狀有輔助療效。」

·語言減法

即說明現在不購買或選擇會有什麼損失，例如：「鮰魚只有武漢一帶的長江水域中才有，您如果現在不嚐嚐，回去後將難有機會了。」

·一卷芭蕉法

即先順著賓客的意見，然後再轉折闡述。例如：「這道菜確實比較名貴，但原料在市場上的價格也不低，做菜的技巧較爲複雜，口味別俱特色，您不妨一嚐，就知道物有所值了。」

·語言除法

即將一種商品的價格分成若干份，使看起來不貴，例如：「雖然要三百元一份，但六個人平均下來，不過五十塊錢。」

·借人之口法

例如：「客人們都說招牌菜做得很好，您願意來一份嗎？」

·直接稱讚法

例如：「這鮑魚炒飯是我們飯店的特色，不妨試試。」

• 親近法

例如：「特別介紹一道好菜給您，這是今天才買回來的。」

下面再介紹一則巧妙使用推銷語言，推銷豪華套房成功的實例：

某天，台北某家知名飯店前廳部的客房預訂員小王，接到一位美國客人打來的長途電話，想預訂每間每天收費在二百二十美元左右的標準雙人客房兩間，預計三天以後入住。

小王馬上翻閱了一下訂房記錄表，回答客人說，由於三天以後飯店要接待一個大型國際會議，有幾百名代表，標準客房已經全部訂滿。小王講到這裡，並未就此把電話掛斷，而繼續用關心的口吻說：「您是否可以推遲兩天來，要不然請直接打電話與其他飯店聯繫，如何？」

美國客人說：「台北對我們來說，人生地不熟，你們飯店名氣最大，還是希望你幫我們想想辦法。」

小王暗自思量，感到應該儘量不使客人失望，於是便用商量的口氣說：「感

謝您對我們飯店的信任，我們非常希望能夠接待你們這些遠道而來的客人。請不要著急，我很樂意爲您效勞。」

「我建議您和朋友準時前來，先住兩天我們飯店內的豪華套房，每天也不過收費二百八十美元。套房內可以眺望陽明山的優美景色，室內有紅木傢俱和古玩擺設，提供的服務也是上乘的，相信你們住了以後一定滿意。」

小王講到這裡，故意停頓一下，以便等待客人的回話。

見對方沉默了一下子，似乎猶豫不決，小王又趁勢誘導：「我想您不會單純計較房價的高低，而是在考慮是否物有所值，請告訴我您什麼時候、搭哪班飛機來台北，我們將派專車到機場迎接，到店以後，我一定陪您和您的朋友先參觀一下套房，然後再做決定也不遲。」

美國客人聽小王這麼講，一時間倒難以拒絕，最後便欣然答應先預訂兩天豪華套房再說。

另一個例子，是使用啓發性推銷語言，巧妙推銷書籍的故事：

一名顧客想買一本有關法律法規方面的書籍，他跑了好多書店，但就是找不到「大全」類的資料總匯。

後來，在某大學的書店，終於發現了彙編齊全的法規書籍，但書價過高，使他猶豫不決，買不下手。

老闆抓住了顧客的心理，採取「啓發式」語言改變立場。

老闆問：「您想買總匯多年法規大全的法律書籍吧？」

顧客：「是的。」

老闆：「您是想考研究所，還是律師？」

顧客：「參加今年的全國律師資格考試。」

老闆：「考律師比考研究所更應了解法律法規，您是否注意到國家每年的法規都在增加和變動？」

顧客：「的確是這樣，我正愁沒有一本法規彙編大全的書籍。」

老闆：「去年，我有兩個朋友因爲沒有注意近年來經濟合約法規的變化，差兩三分沒通過律師考試。」

顧客：「眞的啊？」

老闆：「這幾年律師考試，題目靈活多變，注重時效，技能測試題越來越多，很不容易呢！」

顧客：「那不是更應該靈活運用法規解決實際問題嗎？」

老闆說：「您說呢？」

顧客聽到這裡，消除了疑慮，當即以近千元的高價，買了一套法規彙編大全。書店老闆的成功秘訣，就在於緊緊抓住顧客心理，如此不用回答任何問題，便足以使顧客滿意而去。

抓住顧客的心理，說出的每句話都要有功效。

一句話看似簡短，說得好更能讓你的推銷加分，如果句句正中紅心，一場對話累積下來，這個客戶非你莫屬。

6.
PART

與其發怒，不如使出「忍術」

對說「這個不好」、「那樣不對」的人，
最重要的是讓對方儘量把話說完，
再抓住時機反駁，
進一步掌握有利勢頭。

第三者的話最動聽

巧妙加入第三者的話，能夠增加可信度，使顧客心中感覺別人買了，那這項產品必定不差。

推銷時，巧妙地引用第三者的話，向顧客說出他人對自己商品的評價，會收到意想不到的效果。

談到正出售的一塊土地，你可以對顧客說：「前不久一個顧客也來此地看過，他覺得非常滿意，想蓋棟別墅。可惜後來他因資金周轉不靈而無法購買，我也為他感到遺憾。」

這種方法效果非常好，但是，如果你說謊又被識破的話，那可就非常難堪了，所以應該儘量引用眞實的事情。

這一技巧的妙處，在於一般顧客對於推銷員的印象總不是那麼好，對於推銷這種售賣方式也多持懷疑的態度。所以，如果你非常成功地引用了第三者的評價來遊說，顧客一定會感到安全感，消除對你的戒心，相信你做的商品介紹，認爲購買你的商品可以放心。

假如你爲一家公司推銷一種新式化妝品，而這家公司已經在電視上大做廣告，那麼你的推銷一定要由此開始。

當你敲開一家的大門，應該對開門出來的女主人說：「這就是電視裡天天出現的那種最新樣式的化妝品，您一看就會認出來的。」然後立刻將樣品遞過去，她便不會有意識地來懷疑你了。

如果你認爲對方不是一個喜歡標新立異的人，你就可以接著告訴她：「我剛才已經推銷了幾十瓶，他們都是看了電視裡的廣告介紹才下決心買的，而且它也的確不錯。」

這樣，成交希望就更大了，因爲你一直都在「請」廣告和其他的購買者來爲自己背書，她自然不會產生懷疑。

如果你知道某個「大人物」曾盛讚或使用了你正在推銷的商品，那麼推銷會變得更加容易。毫無疑問，電影明星、體育明星等「大人物」一定比你更容易受到信賴，說服力當然強得多。

但這樣的好事，未必就落在你所推銷的商品上，這也不要緊。你如果能打聽到顧客的周圍，有一個值得信賴的人，曾經說過你的商品的好話，就應該不失時機地加以應用。

即便你引用一個顧客並不了解的人所說的話，也不一定就沒有效果。只要言之有理，對方仍然會加以考慮。

推銷過程中，一般只有兩者在對談，即推銷員和顧客，通常顧客對推銷員總是排斥，這時若巧妙加入第三者的話，能夠增加可信度，使顧客心中感覺別人買了，那這項產品必定不差，同時也激起群衆力量，讓顧客覺得既然別人有了，我也要買。

你問對問題了嗎？

在銷售過程中，推銷員越早且越經常地提出問題越好，因為那將有利於更了解對方，更針對性地解決問題。

提出適當的問題，能夠使對方說出你該知道的一切，這極有可能是決定業務成功與否的關鍵。

看看下列各項，檢驗一下自己是否做到準確提問。

1. 問題是不是簡明扼要？
2. 是否把顧客的答案引向你的產品？
3. 能不能引導對方引用以往的經驗，讓你分享他的驕傲？
4. 問題的答覆是不是顧客從前未曾想過的？

5.問題是否直接切中顧客的處境？

6.能不能從顧客口中取得一些資料，讓你的銷售更有針對性？

7.問題能不能創造出正面的、有引導作用的氣氛，以利於完成行銷？

8.當對方問你問題時，你會不會反問？如顧客問：「兩週內能不能送到？」你能否懂得反問：「您希望我們在兩週內送到嗎？」

檢視自己的銷售過程，所提的問題是否做到以上要求？如果沒有，希望你事先準備十到二十五個問題，以利於發掘對方的需求、痛苦、心思、障礙。

這裡有三個步驟可供參考：

步驟一：陳述一件無法反駁的事實，讓對方回答「是」。

步驟二：陳述可以反映出經驗與創造信任感的個人意見，如此既能控制話題，又能讓顧客對你的專業性產生信賴。

步驟三：提出一個與前兩個主題吻合，又可讓顧客盡情發揮的問題，從中了解他的需求、意圖、障礙或其他資料。

你不妨試試如下的提問方式：

1. 你打算如何……？
2. 在你的經驗裡……？
3. 你成功地用過什麼……？
4. 你如何決定……？
5. 為什麼那是決定性因素……？
6. 你為什麼選擇……？
7. 你喜歡它的哪些地方？
8. 你想改善哪一點？
9. 有沒有其他因素……？

作為一個推銷員，你應該了解，推銷，有時是從一個巧妙的提問開始。

身爲一間大工廠的領導者，羅斯相當忙碌，他對推銷員的態度始終十分冷淡。一天，一位推銷員來到他的辦公室。

推銷員：「先生您好，我是保險公司的推銷員貝特格。您認識吉米・沃克先生嗎?是他介紹我來的。」

羅斯:「又是一個推銷員!你已經是今天第十個推銷員了。我還有很多事要做,不可能花時間聽你們的話,別再煩我了,我沒有時間。」

推銷員:「我只打擾您一會兒,請允許我做個自我介紹。我這次來只是想和您約一下明天的時間,如果不行,晚一點也可以。上午還是下午好呢?我只要二十分鐘就夠了。」

羅斯:「我說過了,我根本沒時間。」

推銷員忽然轉變話題,只見他仔細看著放在地板上的產品,然後詢問:「您生產這些東西嗎?」

羅斯:「是的。」

推銷員:「您做這一行多長時間了?」

羅斯:「哦!有二十二年了。」此時,他的神色和藹了些。

推銷員:「您是怎麼開始進入這一行的呢?」

羅斯:「說來話長了。我十七歲就到一家工廠工作。在那裡,我沒日沒夜

地奮鬥了十年，後來終於擁有了現在這家工廠。」

推銷員：「您是在此地出生的嗎？」

羅斯：「不，是在瑞士。」

推銷員：「那您必定是年齡不大的時候就來了。」

羅斯：「我離開家鄉的時候只有十四歲，曾經在德國待了一陣子，後來才輾轉到了美國。」

推銷員：「那您當時一定帶了大筆資金吧！」

羅斯此時微笑著回答說：「我只以三百美元起家，一路到現在，累積了足足三十萬美元。」

推銷員：「這些產品的生產過程，想必是很有意思的事。」

羅斯站起來，走到推銷員身邊說：「不錯！我們爲自己的產品感到驕傲，我相信它們在市場上是最好的。你願不願意到工廠裡走走，看看這些產品是怎麼製造出來的？」

推銷員：「樂意之至。」

羅斯當即將手搭在推銷員的肩膀上，陪同他一起參觀工廠。

第一次和羅斯先生見面，推銷員貝特格並沒有向他賣出任何保險，但在那以後的十六年裡，不僅成功賣出了十九份，還向他的兒子們賣出了六份。賺進許多錢不說，還和羅斯成了好朋友。

由此可見，在銷售過程中，推銷員越早且越經常地提出問題越好，因爲那將有利於更了解對方，更針對性地解決問題。

與其發怒，不如使出「忍術」

對說「這個不好」、「那樣不對」的人，最重要的是讓對方儘量把話說完，再抓住時機反駁，進一步掌握有利勢頭。

在商場上，常看到顧客與推銷員爭辯。基本上，人們不管他們在吵什麼，爲什麼而吵，都是千篇一律地站在顧客那一邊。

原因很簡單，他們也是消費者，總有一天也會遇上類似情況。

推銷員應該清楚地認識到這一點，遇到顧客有意見時，不論誰是誰非，都不得爲此爭辯，儘管你有千萬條道理，也不可開口說一句重話。一旦說了爭辯的話，生意做不成是小事，影響名聲，那問題就大了。

舊金山有一家鞋店，老闆應付顧客的手段相當高明，儘管他給人的印象並不屬於精明且伶牙俐齒的生意人。

每次顧客對他抱怨說「鞋跟太高了」、「式樣不好看」、「我右腳稍大，找不到適合的鞋子」，老闆都只是點頭不語，等顧客說完後，他才說：「請你稍等。」隨即拿出另一雙鞋表示：「你一定適合，請試穿。」

顧客起初很疑惑，可穿上之後，便會高興地說：「好像是爲我訂做的。」於是很高興地把鞋買走了。

在推銷員須知中，有一條規則是：別和顧客爭辯！因顧客說的話有絕對的理由，難以說服。

與其爭吵，推銷員應利用顧客的心理，使他沒有繼續反駁的餘地，以求圓滿地達到自己的目的。

對說「這個不好」、「那樣不對」一類話的人，不要一一反駁，最重要的是讓對方儘量把話說完，再抓住時機引導。對方說他喜歡什麼，其實等於是推出王牌，可以讓自己進一步掌握有利勢頭。

自己掌握的情報不要讓對方知道，否則就等同把優勢讓給了對方。說服勁敵時，不要著急，而要根據對方的反應，慢慢抓住有利的線索。

西方有句諺語說：將所有的資料公開，等於送鹽巴給敵人。作爲一位商人，就是透過商品銷售獲得利潤。作爲一位推銷員，就是迎合顧客心理，熱情接待顧客，讓他高高興興地從商店裡買走商品。

顧客可以千錯萬錯，而推銷員不得有半點失誤，當忍則忍，切莫爭辯。與其爭得臉紅脖子粗，不如省下力氣，好好培養自己的「忍術」。

說話之前，先學會聽話

完整的溝通模式是雙向性溝通，它讓接收者傳達自己對資訊的反應，能讓資訊傳送者更有效掌握進行的方向。

「說」在推銷過程中佔有相當重要的位置。同樣一種產品，推銷員說得越好，顧客就越可能購買。

那萬一說得不好呢？

郝衛東回想數個月前銷售電子產品的情形，只覺得疲憊無比。他雖然像過去一樣說得非常賣力，但是最後的結果總不理想。

以下是他和顧客的部分對話情形：

「這是很好的產品。」郝衛東向一位顧客說道：「它可以保護眼睛，使您體力充沛。」

「手腳不方便的人可否使用？」顧客問道。

「這個產品功能很多！」郝衛東把產品拿給顧客觀看，「有美國檢驗的特優產品證明，您看『保護眼睛，提高工作效率』。」

「手腳不靈活的人可以使用嗎？」顧客很關心這個問題。

「沒騙您！功能很多！」郝衛東很熱心地搬弄那個電子產品，可是卻被顧客不小心弄掉了一個小零件。

「啊呀！」郝衛東馬上透露出不高興的神情：「怎麼會這樣呢？」

顧客像被澆了一盆冷水，郝衛東也沮喪地離開令他失望的地方。

想想，郝衛東是不是疏忽了傾聽的技巧？

經過細細檢討，他終於了解「傾聽」是溝通資訊的一個過程，知道了溝通過程的四個基礎要項：

1. 銷售的人。

2. 傳送的資訊。

3. 溝通的頻道：面談，電話，或其他方式。

4. 被銷售的人。

之前出現這樣的局面，原因是在溝通的過程中，郝衛東只把自己當做唯一的銷售者，採用的溝通方式是「單向」的溝通方式。單向溝通方式帶有強迫接收的性質，並不適合發掘顧客需要的心理要求。從事商業事業的推銷人員，必須學習更完善的溝通模式。

完整的溝通模式是雙向性溝通，它讓接收者傳達自己對資訊的反應，能讓傳送者更有效掌握資訊的傳送方向。

知道這些以後，郝衛東開始留心顧客提出的疑問，而且更運用自己累積了五年的銷售經驗，記錄下顧客的各種購買心理。

成功銷售的關鍵，在於把顧客的心聲分成兩種類型，每一種類型都有不同的傾聽技巧和方式，幫助自己掌握顧客的需要，這就是足以令推銷員成功致富的「傾聽廉價原理」。

這兩種類型爲：

1. 傾聽顧客抱怨。

2. 傾聽顧客認同。

郝衛東掌握「傾聽廉價原理」，讓他得以根據不同的需要，打進顧客的世界。然而，在這個過程中，仍然存在著許多難以克服的障礙，這是傾聽時要盡全力解決的。

傾聽的障礙，便是干擾資訊傳遞的噪音。當溝通雙方就傳達資訊進行詮釋時，噪音會妨礙彼此對傳達資訊的了解程度。

從接收者是否能夠掌握資訊的角度衡量，干擾的噪音可以分成兩類：

1. 外部噪音——來自資訊接收者外部的噪音來源。

2. 內部噪音——來自資訊接收者內部的噪音來源。

外部噪音關係到資訊傳遞者表達的方式、說話的速度、態度等因素，以及溝通環境的干擾與變化等因素。

內部噪音關係到資訊接收者情緒上的變化，像激動、緊張、興奮，或缺乏興趣等因素，以及個人傾向，如成見或接收方式的影響。

如何排除以上障礙呢？

• 排除外部噪音

1. 集中注意力。
2. 習慣不同的口音與說話方式。
3. 加強專業知識。
4. 適時發問。
5. 選擇安靜的聚會場所。
6. 避免會發出干擾的物品。

• 排除內部噪音

1. 積極的傾聽態度。
2. 降低情緒的干擾。
3. 避免成見的判斷。
4. 養成筆記的習慣。

經過持續的傾聽技巧訓練，能力一定會提升許多。是否已經注意到自己傾聽技巧的優點所在？缺點呢？應該如何改進？

看看別人，想想自己，這是推銷事業能夠創造奇蹟的原因之一。不妨多多觀察成功的推銷員，他們的傾聽技巧如何，以及自己可以從他們身上學到些什麼。

裕幸房地產公司近期有部分中、高價位公寓準備出售，他們在地方晚報上刊登了較爲簡潔的廣告，內容主要是介紹所在位置附近學校、市場、醫院齊全，可立即進住等。

很快地，裕幸房地產公司接到了不少諮詢電話，以下是推銷員劉小姐與顧客的一次電話交談：

劉小姐：「您好，這裡是裕幸房地產公司，我能爲您做些什麼嗎？」

顧客：「我們家對你們介紹的三房一廳公寓很感興趣，它很貴嗎？」

劉小姐：「可以議價，也可以分期付款。我建議您先看一下現房，我們可以確定一下見面時間嗎？」

顧客：「哦，我們可不願意浪費時間去看買不起的房子。」

劉小姐：「我很理解，不過，你會滿意這種房子的，如果不喜歡，我還可以向您介紹別的。順便問一句，您家中有幾個人？」

顧客：「四個人，一男一女兩個雙胞胎孩子，都快十四歲了。三房一廳住起來方便些，而且現在住得離學校太遠。」

劉小姐：「有兩個孩子，多幸福啊！他們會喜歡那幾間大臥室的，而且我們的房子通風採光也很好。明天星期六，您有時間嗎？」

顧客：「不太方便，改星期天吧！」

劉小姐：「那好，星期天上午九點三十分，您方便嗎？」

這個案例中，劉小姐之所以能巧妙地了解顧客的需求，就在於她不僅有說話的技巧，也懂得傾聽，能夠隨時從對話中捕捉訊息。

會說，更要會聽。想成功抓住顧客的心，兩種技巧千萬不可缺一。

封住客戶的口，不給藉口

面對客戶的藉口，推銷員不必馬上打退堂鼓，而該提出問題問客戶，對他們的情況有所了解後，趁機擊破。

下面，我們要以推銷保險爲例，點出準客戶常常提出而把推銷員拒於千里外的問題，以及推銷員回應問題的方法。

以下是顧客常用來拒絕推銷員的話：

●我從不倉促地做出決定

推銷員是這樣克服這個問題的：

「您的意見的確很好。」接著，從口袋裡拿出五元。「如果不介意的話，你是否願意以一元換五元？」

「你有沒有搞錯啊？一元換五元，當然好。」

推銷員取過一元，交給對方五元並說：「謝謝您，先生，我還以爲您眞的不做倉促的決定哩！」

我們生存在現代社會裡，每日每時從收音機、電視機或報紙上聽到看到的，儘是「先享受，後付款」的廣告，不論是食品、飛機票、用品、汽車、旅遊等等都是這樣。

而壽險剛好相反，走上準客戶的家，說的是：「這是一張保單，在未來的某一天，某某人將會因它而得益。但是，你必須先付錢。」

這是壽險銷售最困難的地方，因而靈巧地運用一點強迫是必要的。

請注意，這裡強調的是「靈巧的強迫性」，不能引起對方的反感。

當然，這裡舉的例子只是克服銷售時遇見的抗拒，不是做成生意。你還得進一步說明，但注意，你是在賣壽險，不是在講漂亮的大道理或試圖於辯論中壓倒對方，所以接下來，要這樣說：「自然，您能夠即刻做決定，剛才就是如

此——以一元換五元。爲什麼會這樣決定呢？因爲很顯然這是有利可圖的交易。不光是您，在這種情況下，任何人都會即刻做出決定的。」

「剛才我介紹您和您家庭的保單，正是這樣一種有利可圖的交易，一張非常好的保單。我沒有說錯吧？剛才我解釋的現金價值和關於……」

就這樣，推銷員扭轉了局面，又回到壽險上面來。這使對方無法自圓其說，生意就做成了。

●「我要跟太太先商量」、「我要跟先生商量」

對此，推銷員要如何回應呢？

「如果不介意的話，我想請問您，在家務問題上，您是自己決定，還是都要和太太商量？」

「是的，通常我都和太太商量之後才決定。」

對方以爲這樣說就可以難倒推銷員，使他知難而退。

「好極了，那您和您的太太什麼時候方便，我們一起談談？」

下面，還有另一種說法，也可以用來回應客戶的藉口。

客戶說：「我要先和太太商量。」

「如果您不介意的話，是否可以告訴我您的職業？」

「汽車業務員。」

「假設您花了一個小時把您做什麼職業，如何推銷以及爲什麼做得這樣出色等情況，全部都告訴我了，無疑說得非常生動有趣，但是我回家後，是否能像您所說的那樣，一五一十全盤地告訴我太太呢？」

「當然不可能，這是誰也無法做到的。」

「很好，可見您對壽險是認眞的，否則不會去和太太商量。我也想和您的太太一起談談，好嗎？」

● **「我想先比較其他公司的保單再說」**

推銷員當即提問：「您的意思是什麼呢？」

「我是說，比較一下你們公司和其他公司的保費。」

「這想法很不錯，您想比較多少家公司呢？」

「大約三四家吧！」

「太少了！您知道嗎？時間是很寶貴的，在比較的過程中，您將浪費掉無數寶貴的時間和精力。最理智的做法是跨出第一步，讓我們現在就塡妥申請表格，並進行身體檢查。」

其實，準客戶只不過說說而已，他是想爭取時間，敷衍過關。一方面，他需要保險，「我不買保險」之類的話說不出口，另一方面，經濟有問題。簡單來講，他就是三心二意。

客戶會那樣回答，一方面爲的是不必說不需要買保險，以免得罪人，另一方面，他又不能即刻付錢，所以只好拖延和敷衍。

面對客戶的藉口，推銷員不必馬上打退堂鼓，而是提出問題問客戶，對他們的情況有所了解後，趁機擊破，再趁勢說出商品的優點。

轉個彎，說話更簡單

分析顧客異議的真正根源、異議的性質、以及顧客類型，才可以取得退一步進兩步的效果。

間接處理顧客意見，是指推銷人員根據有關事實與理由，間接否定顧客異議的一種處理策略。間接處理法適用於因顧客的無知、成見、片面經驗、資訊不足與個性所引起的購買異議。

使用間接處理法處理顧客異議時，首先需表示對異議的同情、理解，或者僅僅是簡單地重複，使顧客心理得到暫時的平衡，然後再轉移話題，對顧客的異議進行反駁處理。

因此，間接處理法一般不會冒犯顧客，能保持較爲良好的推銷氣氛，而重複顧客異議並表示同情的過程，又給了推銷人員一個躲閃的機會，使得到時間進行思考和分析，判斷異議的性質與根源。

間接處理法使顧客感到被尊重，被承認，被理解，雖然異議被否定，但在情感與思想上可以接受。使用間接處理法處理顧客異議，比反駁法委婉些，誠懇些，所收到的效果也更好。

但在應用間接處理法時，應注意以下幾方面的問題：

第一，間接處理法不適用於敏感、固執、自我個性強、具有理智性購買動機的顧客，亦不適用於探索性、疑問類的顧客異議，而只適用於武斷性、陳述性的顧客異議。

第二，推銷人員不能直接否定顧客異議，更不能直接反駁，這是間接處理法的要求與實質性的優點。間接處理法要求推銷人員首先避開顧客來勢迅猛的異議，然後轉換角度，改變方向，再間接地反駁。

第三，推銷人員應注意選擇好重新說服的角度。間接處理法的成功關鍵，在於避開顧客異議後，從什麼角度，以什麼思維方法，用什麼內容及重點重新開展推銷說明。這正像拳擊手避開攻勢後，必須研究並選擇重新進攻的方法及出擊的部位一樣。

推銷人員應認眞利用重複與肯定顧客異議的機會，進行分析思考，分析判斷顧客異議的眞正根源、異議的性質、以及顧客類型，然後，針對顧客的無知、顧客的主要購買動機、以及購買目的，就推銷產品的主要優點等等開展重點推銷。只有這樣，才可以取得退一步進兩步的效果，不然可能導致新的異議產生，事倍功半。

第四，推銷人員應圍繞著推銷的新要點，提供大量資訊。由於前段推銷已導致顧客產生異議，所以在轉換推銷方向後，應圍繞重新選擇的推銷要點，再次提供資訊，重新揣摸顧客思維和心理活動規律。

重點推銷可以克服間接處理法的局限性，後續資訊的內容及數量，是間接處理法取得成效的關鍵。

第五，注意轉換詞的選配。怎樣轉換話題是有效使用間接處理法的一個重點，爲了使推銷活動與顧客的思維出現轉折，可以用的轉折語有很多，如「但是」、「不過」、「然而」、「除非」、「誠然」等等，其中「但是」用起來語氣最生硬，讓顧客聽起來不舒服，最好避免。

所以，推銷人員爲了防止間接處理法的局限性，以及可能引起的不滿情緒，應針對不同的顧客，注意選用不同的轉換詞，儘量做到語氣委婉，轉折自然。例如在說了「您的看法有一定道理」後，可以續加的詞語有「而且我還可以補充」、「假如……其實還可以……」等等，效果會更好。

但是必須切記，沒有任何一種方法是萬靈丹，無論如何都得保持彈性，以「見什麼人，說什麼話」爲最高原則。

7. PART

言語彈性，提高成功的可能性

把「見什麼人，說什麼話」

當作座右銘吧！

它將會是強大的秘密武器，

助你縱橫各領域，

與不同類型對象順利交往。

只要有理，反駁未必不可以

俗話說：「顧客都是對的」，不是要你對顧客唯唯諾諾，而是在不冒犯自尊的原則上，提供正確資訊和知識。

反駁，是指推銷人員根據較爲明顯的事實與理由，直接否定顧客異議的一種處理策略。

反駁在實際運用中，可以增強推銷面談的說服力量，增強顧客的信心，節省推銷時間，提高推銷效率，更可以給顧客一個簡單明瞭不容置疑的解答。因而正確地靈活地使用反駁，可以有效地處理好顧客異議。

但是運用不好，卻極易引起推銷人員與顧客的正面衝突，可能會增加壓力，甚至激怒顧客而導致推銷失敗。如果因爲直接反駁而使顧客感到自尊心受傷害，

那麼，即使產品再好，顧客也會拒絕購買。

另外，在使用反駁法的過程中，如措詞使用不當，會破壞推銷氣氛以及推銷面談雙方的情緒，從而使推銷陷於不利之中，使整個活動在顧客原有異議之外，又增加了新的障礙。

所以，反駁絕不可濫用！

運用反駁處理法處理顧客異議時，應注意以下幾點：

•反駁不可濫用

反駁只適用處理因為顧客無知、誤解、成見、資訊不足而引起的有效異議，不適用於處理無關與無效異議，因情或性問題引起的顧客異議，有自我表現慾望與較為敏感的顧客所提出來的異議。

•反駁必須有理有據

用以反駁顧客異議的根據必須是合理的、科學的，而且有據可查，有證可見，因而最好透過講道理的方法，去進行澄清。

推銷人員在反駁顧客異議的過程中，必須注意講話的邏輯性，應首先明確指出顧客的異議內容，釐清異議性質與根源，然後，由淺到深提出事實證據理由，依靠事實與邏輯的力量說服顧客。

●反駁仍然要友好

推銷人員在反駁顧客異議過程中，應始終貫徹友好眞誠的態度，維持良好的推銷氣氛。

首先，推銷人員應理解，即使顧客是因爲無知而提出購買異議，自己反駁的也只是錯誤的看法，而絕非顧客的人格。所以，在反駁顧客異議過程中，推銷人員既要關心推銷的結果，更要關心對方的情緒與心理承受能力，做到雖然反駁了顧客的異議，但絕不冒犯其他。

推銷人員應面帶笑容，用詞應委婉，語氣誠懇，態度眞摯。同時，隨時注意顧客的行爲及表情的變化，揣摩顧客的心理活動，使對方既消除了異議，又學到了知識，感到推銷人員爲顧客著想的基本態度，從而維持良好的互動關係與合作氣氛。因爲，從消費與購買心理學觀點出發，顧客的認知、情感與意志都直接影響著購買決策，不可不愼。

•反駁要注意提供的資訊量

推銷人員在反駁異議過程中，應堅持向顧客提供更多的資訊，從現代推銷學的原理去認識，應該把反駁理解爲以新的資訊去更正原有的過時資訊，以眞實的資訊去反駁錯誤的虛假資訊，以科學的知識去反駁不正確的無知。

俗話說「顧客都是對的」，不是要你對顧客唯唯諾諾，而是在不冒犯自尊的原則上，適時否定錯誤觀念，提供正確資訊和知識。

因此，在運用反駁處理法處理顧客異議的過程中，推銷人員應始終堅持以資訊的傳遞與提供爲基礎，以推銷教育爲手段，以傳遞知識與購買標準爲目標，堅持向顧客提供資訊，從而使對方了解情況，了解產品，了解推銷人員，並解除誤會，增進知識，增強購買信心。

與反對的聲音達成共識

推銷人員面對顧客的反對意見，任何時候都要冷靜地對待，善用語言的靈活性，化對立為助力。

反對意見是顧客對推銷人員及推銷的產品、推銷行爲的必然反應。常言道「嫌貨才是買貨人」，從這個意義講，反對意見不是推銷的障礙，而是顧客對商品感興趣，即將成交的信號。

因此，推銷行家認爲，只有當顧客提出意見時，才是推銷工作的開始。要認識到顧客提出反對意見是正常現象，正確對待反對意見，認識反對意見的實際意義，甚至主動要求並歡迎顧客直接提出。

從推銷心理講，顧客的購買決定既受理智的控制，也受情感的控制，推銷人員與顧客爭吵絕對會傷害感情，即使推銷人員取得了爭吵的勝利，也失去了成交的機會，並不值得。

推銷人員應研究顧客的心理狀態，講究說服藝術，不要讓顧客難堪，遇到狀況，可以委婉地說：「我知道自己還沒有完全解釋清楚……」或者說：「對不起，我使你產生了誤解。」以此來化解當前的矛盾。

推銷人員應尊重顧客的觀點，即便自己認爲是錯誤的，或者根本不同意，也要認眞聽取，讓顧客暢所欲言。

這樣做有利於保持友好的氣氛，並減輕顧客的心理壓力。

如果顧客不需要推銷人員說出個人的看法，或者根本不把推銷員當成行家徵求意見，就要儘量不提出自己的個人看法，不要說：「如果我是你，我就……」或者：「我自己就使用過……」這樣的話語，在內行的顧客看來，既缺乏說服力，又不夠眞誠。

處理顧客異議時，推銷員常用的語言技巧有以下幾種：

•做好準備

在與顧客面談之前做好充分準備，事先對顧客可能提出異議的地方做詳盡的闡釋，以克服反對意見。使用此方法應注意不要使用一些刺耳的詞句，以免引起顧客的反感。

把推銷要點分成許多部分，然後用提問的方式提出，在提出推銷要點之後，要檢查一下顧客是否接受。

很可能有推銷人員認爲正確的建議，而顧客卻認爲是難以理解的情況，所以要謹慎引導顧客按照你的方法看問題。

經驗證明，做好上述幾點後，在與顧客面談時，可以大大減少顧客的反對意見，使氣氛和諧。

•不直接反駁顧客

這種方法的談話形式是「對，但是……」，它是推銷人員根據有關事實和理由來間接否定顧客意見的處理技巧。

使用此法的優點是不直接反駁，而間接否定顧客意見，一般不會導致冒犯，有利於保持良好面談氣氛。同時也爲推銷人員的談話留下一定餘地，有利於根據顧客的意見，提出具體的處理辦法。

例如顧客說：「我不喜歡這樣式，太難看了！」根據觀察分析，這意見的根源是顧客的個人偏好，對於這種敏感的問題，不宜直接加以反駁，而應委婉地伺機處理。

可以說：「先生，您的看法有一定道理，但是您是否也認爲這種式樣具有新的特色……」

推銷人員承認顧客的意見，先退後進，繼續進行銷售面談和示範，間接否定顧客的反對意見，卻不至於傷人。

• 善加利用顧客的意見

這是推銷員利用顧客反對意見，適當提取利於推銷的那一面，作爲洽談的起點，展開說服和示範的方法。

顧客的反對意見同時具有雙重性，既有阻礙成交的可能，又有促成交易的希望。推銷人員應利用顧客意見的矛盾性，發揮積極因素，克服消極因素，有效地促成交易。

這種方法既不迴避顧客的意見，又可以透過改變有關意見的性質和作用，把顧客拒絕購買的理由轉化爲說服購買的理由，還可以營造良好的洽談氣氛，有利於完善處理意見。

例如，顧客說：「又漲價了，買不起。」

經過分析，意見的來源主要是偏見和物價上漲，於是，推銷人員說：「這商品是漲價了，而且還會繼續上漲，現在不買，將來恐怕眞的買不起了。」

這就是一個明顯的範例，把拒絕購買商品的理由轉化，搖身一變爲說服顧客購買的理由。

•利用產品優點

某些時候，顧客的反對意見確有道理，採取否認的態度是不明智的做法。

推銷人員應承認顧客是正確的，然後利用產品的優點來補償和抵消這些缺點。使用產品優點的方法來處理反對意見，可以使顧客達到一定程度的心理平衡，有利於排除成交障礙，促成交易。

例如，顧客說：「我要買一部帶耳機的收音機，可是你這種是不帶耳機的，我不要！」

推銷人員便可說：「這種收音機是不帶耳機，但是要買帶耳機的就要多花一些錢，其實耳機用的時間也不多，您何必花這些錢呢？再說這種收音機已經裝有插孔，萬一要用，您可以買一副更好的呢！」

● 迴避法

顧客主觀的反對意見是難以消除的，因此，對於過於主觀的反對意見，只要不直接影響成交，推銷人員最好不回答，更不要反駁，迴避處之。推銷經驗告訴我們，有相當多的反對意見，是可以置之不理的。

例如，顧客說：「你是某某公司的推銷員？那個鬼地方眞不方便。」

這一個與成交無關的意見，不影響交易，因此推銷員不予理睬，便說：「先生，請你先看看產品……」跳過與成交無關的意見，繼續進行面談。

「這東西太貴了！」

一位顧客提出了反對意見，推銷人員認爲這意見出於偏見，決定置之不理。於是，他繼續說道：「先生，關於價格問題，現在我們暫且不談，還是請您先看看產品吧！」

推銷人員不理睬顧客提出的「太貴」意見，繼續談產品，當顧客眞正理解了產品的用途和特點後，先前所謂的「價格太貴」的意見也就不復存在了。

面對顧客的反對意見，要保持冷靜對待。如果推銷人員處理不冷靜，口氣不當，就會引起顧客的反感。

因此，遇到顧客持有反對意見時，推銷人員應保持態度自若，避免和顧客爭吵，進而靈活運用以上方法來解決問題，達成交易。

說服的關鍵，在於口才表現

適度的自我宣傳與推銷，輔以具緩和作用的幽默感，使一切在親切融洽氣氛中進行，是達成交易的最理想情境。

顧名思義，凡是「說服」行動，必定跟語言脫不了關係。事實也確實如此，我們可以說，說服的關鍵正在於口才表現。

●怎樣發揮「攻心」效應

一家銷售名貴珠寶的銀樓，一早開門不久，便走進一對華僑夫婦。夫人看中了一隻相當華美的鑽石戒指，從女店員手中接過之後看了又看，顯然是愛不釋手。但當她看清標價後，便搖了搖頭，顯現出為難的樣子。

夫人說：「好是好，就是……」

女店員一聽，心下會意，馬上接口：「夫人，您眞有眼光，這戒指確實漂亮，但相對的價格也高。上個月，市長夫人來到店裡，也同樣看上了它，非常喜歡，但因爲價錢問題，終究是沒有買下。」

這時，那始終沉默的先生開口了：「小姐，眞有這樣的事情嗎？連市長夫人都喜歡這個戒指？」

女店員當即點了點頭，只見先生考慮了一下說：「小姐，請開發票，我要買下這個戒指。」於是，這枚放在店裡兩年始終未能售出、價格昂貴得驚人的鑽石戒指，終於順利成交。

這個例子之所以成功，訣竅正在於巧妙運用了語言的「攻心」效應，以堂堂市長夫人也未能買下的消息爲「誘餌」，激發那名華僑先生「求名」的心理慾望，達成交易。

●進行自我宣傳與自我推銷

人們在自我誇耀時，總多少感到左右爲難，希望表現自己，讓別人賞識，同時又害怕被別人認爲自誇自大，一點不懂得謙虛。

在東方社會，長久以來的道德標準認定謙讓是美德，可隨著時代變遷，社會競爭日趨激烈，「自我推銷」顯得越來越重要。

學會適度自誇是相當重要的才能，而在進行自我誇耀時，首要就是表現幽默感，務求讓別人在笑聲中接受。

自誇並不可恥，而是一種宣傳，畢竟廣告是所有商業行爲的基礎。但是，如果採用過分或低俗的方式自我炫耀，就會招致反感。因此，自我宣傳和自我誇耀首先應具有適度的幽默感，並保持在適當程度。

例如，日本的「丸牛百貨公司」，有一句相當幽默的廣告語：「除了愛人，什麼東西都賣給你。」

•說服顧客是盈利的關鍵

不管在哪一行業，說服客人的能力都是非常重要的經營之道。以下是幾則小笑話，開懷之餘，也請你細細品味對話中的奧妙：

有位爲自己身後事著想的老人，來到一家葬儀社，打算預購棺材。店主一聽，很熱心地向他介紹各種價格不同的棺材。

聽了半天之後，老人忍不住詢問店主：「請問一下，三十萬元的和兩萬元的，究竟有什麼不同？」

「不同可大了！最明顯來說，三十萬元的棺材設計比較符合人體工學，內部有足夠的空間，可以讓你的手腳充分伸展。」

另一則笑話則與生髮水相關，是這樣說的：

一名客人聽了老闆大力介紹的某種強效生髮水後，疑惑地問道：「這……眞的有效嗎？」

「當然啦！我的顧客當中，甚至有人連續用了五年啊！」

推銷的最大忌諱，就是激怒客人，因此可說幽默感是必備「武器」。適度可信的自我宣傳與推銷，輔以具備緩和作用的幽默感，使一切在親切融洽的氣氛中進行，是達成交易的最理想情境。

將說服看作最巧妙的藝術

一個微笑，一個伸腰擺手的動作，或僅僅挪動一下位置，都足以說明對方情緒與認知的轉變。

說服，即指透過說理，使對方理解並信服，是一種十分重要的語言藝術，若是無法達成，便不可能進行資訊溝通，更別說是達到銷售、推薦的目的了。

說服的基礎，在於道理的清楚傳達，但這還不夠，因爲對方不見得能夠認同，能夠信任，因此還需要其他技巧的幫助。

簡單來講，說服行爲，實際上包括了以理服人、以情感人、以利誘人、察言觀色這四個方面。

• **以理服人**

要做到以理服人，首先自己要明理，在行動前做好充分準備。

兩大必備要件之一，首要在講清道理，有條不紊地闡述事件的理論依據。講清道理的過程，也就等同邏輯思辨過程，哪些該先講，哪些該最後再講？哪些是重點，必須反覆不停地闡明？凡此種種，都要預先做好準備。

必備要件之二，就是例證。舉出大量實例以證明要說服的道理，可以收到相當的效果與力量，所舉的例子當然是越現實越好，最好是發生在生活周遭的眞人眞事，如此可信度更高。

說服的語言則應簡明扼要，把道理說清楚、說透徹就可以了，千萬不要囉嗦，更不要畫蛇添足。

說服時，宜採用謙和、商量的語氣，不要擺出權威的架勢。如果可以，盡可能提些問題，或鼓勵消費者提出問題，用以加強效果。

•以情感人

說服的語言應該是充滿情感的語言。銷售系統本身是一個群體，有關群體的心理現象，自然會在對內對外的交往中表現。推銷員若能帶著自豪與自信的感情來介紹商品，必然會感染顧客。

●以利誘人

介紹產品的優點時，應著重於價格、品質、特色、完善的售後服務等方面，進行全方位介紹，如果有同類產品，可以用比較法說明，以求更具體突顯自家產品或服務的優異。

●察言觀色

對方能否被說服，一則在於口才，另一方面還在於你能否抓住他的心理活動，有針對性地使用語言，以便使情理交替，收到雙倍效果。

如果拿捏得好，往往連持否定態度的人都能被說服。

說服開始的首要任務，在於透過肢體語言揣測對方的態度。

有一種人生來便喜形於色，很容易表現出自己的態度與情緒，因此好惡也非常明顯。也有一些人，不願意表現自己，傾向於將一切掩飾，但由於不夠自然，反而更將心內想法暴露無遺。眞正能夠做到不露神色者，畢竟是極少數。

對於比較壓抑、內斂、冷淡的人，採用開門見山的方式說服，效果往往不佳，不如先建立感情聯繫，運用自身魅力和口才，表現內心友好與誠意態度，拉近彼此之間的距離。

說服進行時，除了必須注意說話的內容，更要留心觀察神態表情的變化，一個微笑，一個伸腰擺手的動作，或僅僅挪動一下位置，都足以說明對方情緒與認知的轉變。

當然，如果對方毫無變化，甚至態度變得更壞，就要適可而止，寧願暫時不談或轉移目標，談些別的主題。

把說服當作一種藝術，把自己看成一個正在創作的藝術家，將有助於以更敏銳的感知探求對方的心理變化，從而眞正做到「見什麼人，說什麼話」。

要做生意，先學會怎麼做人

銷售員想要魅力四射，也許要有點天賦，但是更需要後天勤奮的修身、學習。只要懂得自我檢討，自我訓練，就會讓你成為銷售王！

有兩家企業因爲不景氣而合併，員工人心惶惶，確定被留下來的歡天喜地，而充滿不確定感的人則整日愁眉苦臉，擔心被「發配邊疆」或面臨失業的命運。然而，有一位普通員工卻被許多部門點名「爭奪」，令旁人十分羡慕。

很多人不知他大受歡迎的原因，以爲他有特殊的背景。其實，他所具備的條件人人都可能做到，但他卻做得比別人更好，歸納下來有三點：

一是有求必應，不思回報。這位員工平日對同事的求助總是大方地予以滿足。例如，他對電腦頗爲擅長，不時有同事的子女、好友向他討教，他總是放棄節假日休息時間熱情輔導。

二是和平共處，「獨立外交」。同事之間難免有說長道短的惡習，更有拉幫結派之類的是非之爭，這位員工從不捲入這些漩渦。平時與難以相處的同事也能相安無事，他經常說：「既然能做同事，就是有緣，怎麼會無法相處呢？」

三是追求「內涵」，淡泊名利。這位員工平時對自己要求甚嚴，也十分勤奮好學，常向學有專長的人謙虛討教，即使是自己擅長的事情也從不自大自滿。而對於金錢、職位，卻看得很淡，他的口頭禪是：「該你的總是你的，不該你的爭也無用。」從不與同事斤斤計較。

雖然不同的職業，對「做」人的具體要求是不同的，但一般而言，相距不會太遠。我們可以很清楚地理解，假設有兩個員工工作業績一樣，那麼會「做人」的那個員工，必然更能得到領導和同事的賞識。

一位知名的私人企業老闆曾說：「我對員工的教育，除了一般知識，更注重教會他們做人的道理。因爲做人比做生意更重要。」

不管是做生意，或上班坐辦公室、或當銷售員，工作的過程本身就是對「會

不會做人」的磨練和檢驗。

「做人」的好壞會影響到自身的發展、工作的業績。論述此類道理的文字汗牛充棟，甚至已把「做人」的方法與道理加以量化，冠以「情緒智商」之美名，與智商並駕齊驅，成爲測評人才的兩大指標。

銷售員想要魅力四射，也許要有點天賦，但是更需要後天勤奮的修身、學習。記住，只要你懂得自我檢討，自我訓練，百分之一的天賦加百分之九十九的勤奮，就會讓你成爲「銷售王」！

要想成爲一個優秀的銷售員，首先要學會做人！千萬不要以爲玩弄小聰明就可以讓你成大功立大業！

8. PART

要推銷東西，先推銷自己

想要取得顧客好感，
第一次上門的時候就要讓他第一眼就喜歡上你。
首先要注意儀表，得體的服飾、儀容，
周到的禮節，溫和積極友善的態度，
都是建立良好的第一印象的要素。

如何當一個傑出的銷售經理？

業務經理必須銷售自己的「責任產品」，譬如，如何取得消費者的信任？如何使經銷商相信經銷自己公司的產品能夠盈利？如何激發手下的積極性、主動性、創造性？

隨著市場經濟的蓬勃發展，銷售經理地位和作用越來越重要。銷售經理不是所有人都能勝任的，一個傑出的銷售經理需要充沛的體力、適度的權力、必要的財力及豐富的知識，才能率領銷售團隊在市場上攻城掠地。

嚴格來講，銷售經理的主要職責，就是研擬可行的銷售企劃和指揮調度手下的銷售團隊。

銷售經理大都是銷售員出身，榮升之後，爲了開發新市場或建立新通路，也必須經常拜會重要客戶。因此，廣義來說，銷售經理也是一個銷售員。有些

企業為了提高銷售員的士氣或者方便與客戶打交道，銷售員的名片上也會印上「銷售經理」或「銷售專員」等頭銜。

相對於挨家挨戶銷售產品的銷售員來說，銷售經理的工作更著重於與重要客戶打交道。從這個角度而言，一個銷售員能否成為一個優秀的銷售經理，往往取決於他是否有高明的手腕和人打交道。

銷售經理必須清楚消費大衆的消費心理和行為。身為銷售經理，必須更廣泛地去認識客戶，發現他們的需求，創造他們的需求，進而滿足他們的這些需求。

所以，銷售經理即使不必常常親自出去推廣產品，也必須間接經由業務員來銷售自己的「責任產品」，譬如，如何取得消費者的信任？如何使區域經銷商、零售商相信經銷自己公司的產品能夠盈利？如何激發手下業務人員的積極性、主動性、創造性？

關於這些問題，銷售經理必須胸有成竹。

《孫子兵法》有云：「以利誘之，以情動之，以法約之。」這三個要訣，正好是以上這些問題的最佳答案。

●以利誘之

《孫子兵法》上強調：「合於利而動，不合於利而止。」

一個銷售經理必須清楚：本身的產品能給消費者或用戶帶來什麼利益、好處？與競爭對手的同類型產品或替代產品相比，有什麼獨特的優點？同時也要讓各級經銷商堅信，經銷該自己的產品肯定有利可圖。更要讓手下的業務員清楚：只要業績好，收入就一定會往上竄升。

必須強調的是，所謂「有利可圖」，形式是多樣化的，可以是實質的金錢利益，可以是精神財富；可以是直接發放獎金，也可以是獎勵物品。重點是，無論哪種形式，都必須是他們需要的。

●以情動之

凡是社會的一份子，就擺脫不了人情糾葛，抗拒不了溫情攻勢。

當你想要滿足對方的需求的時候，必須披上一層溫情的面紗，而不能流於

赤裸裸的金錢關係；雖然商場上追求的是金錢，而且金錢與利益關係無所不在，相互間仍須以情感來維繫。

因此，每個銷售經理必須建立客戶檔案，例如每個客戶的特點、愛好、生日、結婚紀念日、孩子的生日……等等。這是建立感情的重要管道，更重要的是，投資小而成效大。

如果你願意花小錢進行「感情投資」，與客戶建立情誼，客戶在爭取折扣方面就不會過分苛刻，也會退一步站在你的立場上考慮你的利益。

至於對自己手下的銷售人員，最佳的領導方式則是：少些脾氣，多些指導；少些指責，多些鼓勵！

你必須認真開發他們的優點，哪怕是微不足道的優點，你也要讓他們知道你不僅看到了，而且還很欣賞。

多說一些激勵士氣的話，配合發放獎金時酌量增加一些金額，雙管齊下會產生莫大的鼓舞作用。

如此一來，手下的銷售人員將會投入更多努力與熱情，自信心也會增強許多，以後回報你的就不僅僅是銷售業績，還有寶貴的友情！

當你在開發這些情感資源之時，一定要將自己當作一個普通的銷售員，放下經理或主管的架子，與他們進行眞摯的情感交流，如此一來，自然會跨越彼此之間的障礙。

有位人際心理學專家就曾強調說：「在社會生活中，兩個人之間的距離，以曲線最短，這與自然科學中的兩點之間的距離以直線最短是不同的。」

● 「以法約之」

最後，必須時常叮嚀自己與手下的銷售員，千萬要記住商場的最基本原則：凡事公事公辦，任何商業交易都必須「以法約之」；亦即簽訂合法的契約，妥善規範彼此的權利義務，這點是不能因爲私人情誼而含糊不清的。

和上司建立良好的互動關係

一個人能否在社會上立足，不是看他的學經歷、讀過多少書，而是看他有多少朋友。建立良好的人際關係，是銷售經理最基本的條件。

有許多獨當一面的銷售經理經常抱怨說：「寧願在市場上拼命，也不願回公司領命。」

原因並不是外面的世界多采多姿，而是回到公司內部凡事必須看上司的臉色，讓自己覺得英雄無用武之地；在外開拓市場時可以全心全力衝刺，將時間精力全部投入工作，但是一回到公司，就得面對錯綜複雜的人事關係。

其實，一個銷售經理在所有的人際關係中，最需要特別重視的是：如何與上司建立良好的互動關係。

身爲一個銷售部門的主管，一定要牢記：你的上司既是一個管理你的人，掌握著你的升遷大權，也是一個和你一樣有血有肉的人。因此，你必須尊重他，並且將心比心，設身處地爲他著想。

下級和上級的關係，一般可以分爲五種：

● **媚上**：即對上司總是花言巧語。明智的上司，會認爲這種下級可交但不可信，不可重用。

● **唯上**：即對上級唯命是從。明智的上司會認爲這種下屬可信但不可交，像這種沒有主見的人不可以擔當重任。

● **抗上**：即是違抗上司的命令和指示。上級可能認爲這種下屬可信可用，但是不可有私交。

● **危上**：即對上司的地位構成威脅。上級必然認爲這種下屬是不可信不可用，更不可交的。

● **理上**：即下屬能夠理解上司的根本利益，能理清他的思路或實施方案，理性地對待上司的指示，理智地完成他交代的任務。上司必然認爲這種下屬是可信可用又可交的。

在現實中，有許多銷售經理會強調說自己性格太直率、不夠圓滑，總是抱怨上司不理解自己。

其實，做人並不是圓滑就好，只要你能使公司的利益增多，能理性地對待上級的意見，幫助上司解決問題，圓滿地完成任務，那麼你的直率就是可愛之處，別人也會原諒你不經意的「難聽的話」。

一個人能否在社會上立足，不是看他的學經歷、讀過多少書，而是看他有多少朋友。建立良好的人際關係，是銷售經理最基本的條件。

要有強韌的抗壓力

只要你自己不倒下，就沒有人能夠戰勝你。最頂尖的銷售員，不管歷經多少次波折，都能東山再起，而且每次重新出發，都會大大提高自己的地位和力量。

細心研讀並靈活應用商場語言，會使你成爲一個精明的商人、出色的推銷員、成功的企業家，談成別人談不成的大生意。

只要針對商業社會中各種常見的場景勤加演練，就能用正確的方式增強自己的應對能力，增添自己的魅力與說服力。

身爲銷售經理，必須擁有良好的心理狀態與強韌的抗壓能力，做好屢次失敗和屢遭拒絕的準備。

一般而言，接洽大客戶都要銷售經理親自出馬。銷售是有求於他人的事情，

隨時激勵自己的下屬

心理學家列恩曾經說過：「看不出自己的前途，人就激發不起奮力而為的願望。」因為，一個人若是對自己的未來沒有寄託，缺乏宏遠的想像，工作意願就會蕩然無存。

如果企業是一艘船，產品是船上的貨物，那麼銷售隊伍就是河流。產品是不會自己跑到岸邊的消費者手裡的，需要靠銷售人員擔任運送的工作，但是，稍不小心，河流也會使得船隻和貨物翻覆。

沒有一支強大、充滿企圖心的銷售隊伍，不管企業現階段再怎麼龐大，終究僅是一時的海市蜃樓。

想要組成一支銷售隊伍容易，但要訓練、管理這支隊伍卻很困難。有人說，銷售人員有如散兵游勇，如何將他們編整成一支配帶現代化精良武器的正規軍隊，無疑是銷售經理的重責大任。

管理銷售隊伍，與管理辦公室裡的一般職員有很大的不同之處。因爲，絕大多數的銷售員很少待在辦公室裡，很難根據平日表現來衡量他們的工作績效。

有人會認爲，不妨根據每個銷售員的銷售業績來論功行賞。這種方法或許可行，然而，每個銷售員所面臨的具體情況是不盡相同的，譬如責任區域內人口密集度、消費者的購買能力、競爭對手強弱……等等。

銷售人員是企業的對外代表，企業把產品交給他們，等於讓他們掌握了一筆不小的資產，企業老闆和銷售經理不能不擔心、不能不管。然而，管嚴了，銷售人員沒有決定權力，就沒有積極性、主動性、創造性；放鬆了，往往會出現貨物不翼而飛，或者貨款難以收回的「禍果」。

銷售人員的工作性質是群策群力、分進合擊，自然難以對他們實施一對一的管制。銷售經理對部屬的實際工作情況如果不瞭解的話，就不是一個好的銷售經理。銷售經理一定要懂得如何管理銷售人員、如何確定銷售的任務、如何評估銷售業績、如何提防不肖的銷售員中飽私囊。

銷售經理的首要職責是塑造銷售部門的文化，凝聚所有業務人員的心力。這種文化環境，最主要的是一種大家都能認同的價值觀，和大家共同參與的決策程序。從許多企業的實際經驗中不難看出，凡是內部團結一致的銷售公司或銷售部門，業績肯定能持續增長。

如何才能做到這一點呢？

一個銷售經理，必須爲業務員描述出他們的燦爛前景。心理學家列恩曾經說過：「看不出自己的前途，人就激發不起奮力而為的願望。」因爲，一個人若是對自己的未來沒有寄託，缺乏宏遠的想像，工作意願就會蕩然無存。

生物學家曾經做過這樣一個實驗：在一個魚缸裡放進梭魚和小魚，貪婪的梭魚不久就養成了呑食小魚的習慣。過一段時間之後，在魚缸中間插放一塊玻璃，把梭魚和小魚隔開。梭魚肚子一餓就想吃小魚，可是，每次進攻都在玻璃前碰了壁。梭魚在這種畫餅充饑的環境下生活了數日，有一天突然拿掉這塊玻璃，按理說，梭魚一定會撲上去飽餐一頓。事實恰恰相反，梭魚居然面對小魚提不起食慾，就這樣日漸消瘦，直至於力衰而死。

這個實驗充分說明了一點：當實現的可能性完全無望時，就會導致慾望的喪失。同樣的道理，每個人都有實現理想的慾望，但是，如果長久處於無法實現的環境中，慾望和意願也就會慢慢地消失。

因此，一個優秀的銷售經理，應該洞察這種心理上的特點，爲業務員描繪出燦爛的前景，使他們對未來有所寄託，有所追求。需要指出的是，目標太低，會缺乏魅力，目標太高又難以達成，比較有效的措施是：將整個宏偉的目標，劃分爲一個一個更短的目標，著眼長遠，立足現實。

這種觀念同樣可以運用於企業的市場營銷，可以有效地克服空間衰減效應，促進市場的開拓。

如何不斷強化自己的能力

一個成功的銷售經理不僅要思慮敏捷，還需要每天思考自己是否犯錯。這樣不斷改進自己的工作績效，必然會獲得更好的業績。

銷售經理的管理能力對於一個企業來說是至關重要的。那麼，如何方能增進本身的管理能力呢？

• 強化自己的思考能力

除了學習專業知識之外，更重要的是強化自己的思考能力，從而增強發現問題、解決問題的能力。

• 增進自己的閱歷

所謂閱歷，主要指實際工作的時間以及工作業績。一個人的閱歷越豐富，經驗、知識就會越多；對理論的運用能力越強，與人相處的能力也會提昇。良好的人際關係會使銷售經理的工作簡化很多，管理效率也相對提高。

• 培養積極進取的性格

主要指一個人的性情是外向還是內向。從市場競爭來看，外向的性格適應性比較好，可以較好地與經銷商和業務員溝通。另外，還要看他是保守型還是進取型。保守型的性格比較適合於成熟的市場，進取型的性格則比較適合於新地區市場的開發。

• 努力程度

一個人的努力程度直接取決於他的積極性、創造性、主動性。作爲一個市場銷售經理，影響他的努力程度的因素有：他對企業的認同感的強烈程度、收入激勵、內部競爭壓力、公司支持力道……等。

• 增強反省能力

革新、創造是銷售經理不可缺少的。一個成功的銷售經理不僅要思慮敏捷，還需要每天思考自己是否犯錯。這樣不斷改進自己的工作績效，必然會獲得更

好的業績。

爲了有效地提高銷售經理的積極性，公司有必要下放一定的權力，使銷售經理有一定的自主權。如果只有責任，沒有相應的權力，分散在各個地區的銷售經理是不可能發揮有效作用的。

作爲企業的高層決策者，必須切實避免這種問題的發生。核心權力集中，細部權力分散，這樣既能保證企業的根本利益，也可以大幅調動銷售經理的主動性，而且更爲重要的是，爲銷售經理發揮自己的作用、實現自己的價值，創造了肥沃的土壤。

這樣一來，必然可以把優秀的銷售經理留下來。

要銷售東西，先銷售自己

想要取得顧客好感，第一次上門的時候就要讓他第一眼就喜歡上你。首先要注意儀表，得體的服飾、儀容，周到的禮節，溫和積極友善的態度，都是建立良好的第一印象的要素。

一個銷售人員想要銷售產品，首先得銷售自己。如果自己不能給客戶一個良好的印象，必然會連帶影響到產品的形象和企業品質。

人通常是感性的，顧客能否接受某企業的產品，往往取決於能否接受企業銷售員；銷售員能否在雙方之間建立良好的合作關係，往往取決於銷售員展示給顧客的第一印象。

「鵝眼效應」在人際交往和銷售中無處不在，顧客習慣把銷售員良好的第一印象放大，在愛屋及烏的情況下，進一步對其公司和產品產生好感。同樣的，

不良的第一印象也會被顧客放大，無形中會對該公司的產品產生反感。

想要取得顧客好感，第一次上門的時候就要讓他第一眼就喜歡上你。

要讓人留下良好的第一印象，首先要注意儀表，要穿著得體，進退有禮。得體的服飾、儀容，周到的禮節，溫和、積極、友善的態度，都是建立良好的第一印象的要素。

如果一個穿著嬉皮服裝的銷售員向你銷售健康食品，恐怕你是無論如何也不敢買的。他給你的第一印象已經讓你懷疑：「他賣的東西能吃嗎？」或「他是否會賣違禁物品給我？」

女性銷售員以淡妝爲宜，舉止要顯得落落大方，切忌不能過分濃妝艷抹，或故意流露很妖冶嫵媚的樣子。

那樣會給顧客不端莊、過於輕佻的不良印象，顧客會認爲妳不是來銷售產品，而是來銷售自己的色相。

一個成功的銷售員的服飾重在得體、自然、合時、合宜，會見客戶前先會對著鏡子整裝。穿著既不能太正式，也不能太隨便，要適合自己銷售的商品。

在一般情況下，銷售員穿西服較爲正統、嚴謹、不刺眼。例如，美國、日本的許多大公司都會對雇員的服裝嚴格要求：皮鞋要擦乾淨，襯衫的釦子要釦上，女職員裙子不能過膝，而男職員西服不能有縐褶。

此外，銷售員的儀容應經常修飾，保持清爽整潔，切不可蓬頭垢面，要給客戶鮮明悅目的第一印象。

銷售員隨身帶的東西很多，如名片、筆記本、錢包、梳子、鑰匙，以及關於商品的說明、樣品、訂單……等等，這些零件都應分門別類地整理好，不能在顧客面前慌慌張張的，找不到東西露出狼狽相；也不能手忙腳亂地掏出不該給顧客看到的東西，甚至嘩啦一聲把零零碎碎的東西倒滿一桌子，等到找著東西，客戶已經不耐煩了！

不要以爲這是開是玩笑的例子，其實，這樣邋遢的銷售員四處可見，給我們很大的啓示是：出門之前，「零件」一定要裝配好！

爲了避免出洋相，出門前不妨按下面這個清單檢查一下你的「行頭」：

頭髮：男性的頭髮不能太長，大約二三十天就應理一次髮。有染髮習慣的人，要慎挑適合自己的顏色，不要太過詭異。

眼睛：眼睛是心靈的窗戶，這扇心靈的窗戶要保持明亮有神。

鬍子：鬍子一定要刮乾淨，每天早晨都應刮鬍子。

雙手：雙手要隨時保持乾淨，定時修剪容易藏污納垢的指甲。

衣著：注意外套不要有頭皮屑或其他髒東西，褲子要筆挺，檢查釦子是否扣好，拉鏈是否拉上。襯衫的領子、袖口保持乾淨。襪子必須每天更換，否則脫鞋之後會散發異味。

配件：領帶是否與衣服相配，是否歪斜？鞋子是否與衣服相配？袖釦、領帶夾、手錶，應選擇不刺眼的樣式，使自己看起來大方得體。

不要讓小事影響顧客對你的看法

要注意對周圍人士的禮貌，即使是小人物，也可能影響顧客的決策，更何況有些握有實權的幕後人士喜歡躲在一邊觀察別人，萬萬不可得罪！

儀態是一個銷售員內在氣質的外在表現。銷售員要透過自己的儀態來告訴顧客：我很喜歡和你打交道；我確信我的商品物美價廉，一定能給你帶來好運！優雅的儀態能給人留下深刻的印象。拜訪顧客時，一定要精神飽滿，面帶溫和、親切的微笑，眼睛注視著顧客。只有真誠地喜歡客戶，才能發自內心地微笑，否則只能是乾笑、皮笑肉不笑，讓顧客感到矯揉造作。

當顧客招呼你入座時，你應在椅子靠背前一點的地方緩緩坐下，身體略往前傾。不要只坐著椅子邊緣的位置，那是在暗示自己隨時準備「落跑」；但也

不要大剌剌地伸展四肢或翹起二郎腿。走路時應挺直腰桿，身體略向前傾，邁步要有節奏感！開口講話要用明快、清晰的語調。

所謂「禮多人不怪」，禮節是不可忽視的，這表現了銷售員對客戶最基本的重視與尊重。

例如，進出房間之時，要主動爲你的客戶開門並請他先行；在上下樓梯時，應處於客戶的下方。

遞名片、接名片應儘量用雙手，遞名片時，自己的名字要朝著顧客，最好略略鞠躬，切忌用食指和中指夾著名片，把名片的一個尖角指向顧客，這是一種侵略性動作。

接過顧客的名片要道謝，並且仔細端詳，看完後要認眞收進名片夾，或者放在手邊顯眼的地方，萬不可隨手往皮包裡一扔或者往口袋裡一塞，更不能走的時候把名片遺留在桌面上，甚至扔在桌底的地下，那是對顧客的蔑視和污辱，生意絕對泡湯。

對顧客的稱呼一定要合乎身分，不要太誇張，多用「謝謝」、「請」等禮貌用語。落座時要把上座留給顧客，最好坐在客戶的旁邊或者是斜對面，不要正對著顧客，否則會對顧客造成壓迫的威脅感。

進入顧客家中或辦公室時，一定要輕輕地敲門，不可擅自闖入，得到允許後方可進入，告別時要輕輕關門。在宴席上要關心、照顧好顧客，但要尊重對方的生活、飲食習慣，不可強行勸酒！

如果你是個癮君子，在拜訪客戶時要儘量克制，吞雲吐霧會影響對方的注意力，實在熬不住也要徵求顧客意見，得到許可後方可行動，在沒有放煙灰缸或標明禁煙的房間絕對不要「犯規」。

最後要提出的，並且是非常重要的一點是，要注意對周圍人士的禮貌，即使是小人物，也可能影響顧客的決策，更何況有些握有實權的幕後人士喜歡躲在一邊觀察別人，萬萬不可得罪！

9. PART

當心對手迎頭痛擊

一個對本身責任區域的地理環境不甚瞭解，

或漠不關心的銷售人員，

很容易慘遭競爭對手迎頭痛擊。

揣摩顧客的預期心理

業務員銷售本身產品的要訣，在於從客戶心理出發，揣摩顧客對產品的期望；這種期望有時並不是單一的，最好能找到一兩個足以滿足顧客的期望。

整體而言，一項產品是由三個層次組成的，亦即核心產品、有形產品和附加產品，銷售員必須熟悉這三個層次。

核心產品指的是產品的主要功能，銷售人員要隨時注意客戶對產品功能的要求。例如，洗衣機的主要功能是將衣服洗乾淨，但是，偏偏有許多強調人工智慧及洗淨效果的洗衣機，即使放入強效洗衣粉，仍不能有效地清洗襯衫的衣領和袖口，無疑是件讓人心煩的事。倘若有新產品能徹底解決這個惱人問題，豈不是皆大歡喜？

有形產品是指由設計和生產人員共同「包裝」的核心產品，涉及品質、功能、款式、品牌名稱和包裝……等方面。值得注意的是，暢銷品往往並不是功能最高超的產品，好的品牌名稱也能創造傲人的暢銷事實。

例如，「金利來」（Gold Lion），以前叫「金獅」的時候，銷售量一直不好，有一天老闆偶然間聽朋友說「金獅」正好與粵語中的「甘輸」同音，喜歡好兆頭的香港人當然不會花錢買「輸」了，於是老闆索性將「金獅」改爲討喜的「金利來」，從此以後，業績果然蒸蒸日上。

附加產品是顧客購買產品所獲得的附加價值，它包括銷售服務或其他利益、贈品……等。通常，當市場有形產品的品質、價格並沒有什麼高低之分時，那麼附加價值可能就是產品能否暢銷的關鍵所在，開發得好的附加功能，通常是左右顧客購買的誘因。

熟悉產品的三個層次之後，銷售員就能具體向顧客描述產品，倘若再加上銷售員能洞悉顧客對產品功能的要求，在產品描述過程中，往往就能很快激發顧客的購買慾望，原因是銷售員確實命中了顧客內在的需求。

業務員銷售本身產品的要訣，在於從客戶心理出發，揣摩顧客對產品的期望；這種期望有時並不是單一的，最好能找到一兩個足以滿足顧客的期望。因爲，單一產品不可能滿足所有顧客的期望，世上甚少有零缺點的產品，如果你能找到一兩個足以滿足顧客的期望，那麼顧客的疑慮也就可能隨之煙消雲散。

例如，保健飲料市場本就競爭而激烈且需求量相當大，爲爭奪市場，不少生產保健飲料的企業不負責地誇大產品功能，廣告說得天花亂墜，雖然這樣的產品能夠在市場風行一陣子，但很快就會降溫。

很多保健飲料企業大肆促銷之餘，還僱用大批銷售員，到街頭巷尾，甚至挨家挨戶銷售。但絕大多數的銷售員對自己所銷售的產品瞭解甚少，就算這類產品確實如廣告所標榜的那麼神奇，他們也難以說服潛在的消費者購買。

一眼盯著消費者，一眼盯著競爭對手

為了在現今的市場營銷中取勝，公司必須建立「競爭者第一」的新觀念。一定要在競爭對手的觸角中尋覓弱點，並且針對那些弱點發動攻勢。

法國營銷專家蒙彼杜曾說：「市場銷售的內涵實質，不是為消費者服務，它是指佯攻、迂迴和擊敗你的競爭對手。一言蔽之，市場銷售是一場戰爭，敵人是你的同行，顧客是雙方都要爭奪的陣地。」

在競爭激烈而又混亂的年代，市場銷售需要一種全新的戰略方針。市場銷售的傳統法則導致人們相信：市場銷售與否，和能不能滿足消費者的需求和慾望有關。

但是，這個法則並不見得正確。假如美國汽車公司發展一種新產品的戰略，是建立在識別消費者的需求的基礎上，那麼，結果將和通用汽車公司製造出相同的產品——因爲通用汽車公司正是針對消費者的需求，而開發和生產系列產品的。

換言之，美國汽車公司耗資數百萬美金，研究的卻是與別人相同的市場，識別的也是相同的消費者需求。

這種競爭模式很難一下子就判斷它是否正確，只能讓結果來檢驗。

根據調查研究後，美國汽車公司爲了迎合消費者的需求而開發出一款小轎車，卻在市場嚴重滯銷，原因何在？

因爲這類小轎車，通用汽車公司不但有，而且品質更高、性能更好、車型更齊全，美國汽車當然不敵通用。

然而，當美國汽車公司完全漠視消費者需求時，反而意外地獲得了成功。

美國汽車生產的一款吉普車，原本是針對軍隊需要設計的，豈料推出之後吸引不少一般消費者購買，許多改裝過後的吉普車在市區和荒野奔馳著。美國汽車公司見狀，才趕緊將車型稍加改款，將軍用吉普車當作休旅車銷售，反而

成了暢銷商品。

迄今爲止，似乎沒有一家左右市場的大公司篤定地保證自己的「幻想」絕對能成功。同樣的，不管再怎麼識別消費者的需求，似乎也不可能幫助失敗者去和成功者較量。

二次大戰以來，「顧客即是上帝」的觀念，已經在全世界的市場銷售活動中占了絕對統治地位。

但是，已經有跡象顯示，「顧客是上帝」這種觀念已經逐漸在修正。

例如，如果有一家大公司已經知道消費者想要什麼，而且向自己鎖定的消費族群提供優越服務的話，就算其他公司後來知道顧客想要些什麼，提供相同的服務，意義已不是很大了。

爲了在現今的市場營銷中獲勝，公司必須建立「競爭者第一」的新觀念。一定要在競爭對手的觸角中尋覓弱點，並且針對那些弱點發動攻勢。有許多公司的銷售部門都在調整，原先是兩隻眼睛緊盯著消費者，現在至少有一隻眼睛盯住競爭對手。

這種新的戰略、戰術運用得當，成功的勝算必定大增。

例如，當其他電腦公司積極研發新電腦，損失上百萬美元時，DEC公司（美國數字設備公司）卻利用IBM在微處理機市場的弱點，輕而易舉地贏得了數百萬美元的利潤。

銷售人員必須隨時準備投入市場的銷售混戰。越來越多的銷售戰役必須像軍事戰役一樣，只有事前縝密地運籌帷幄，方能馬到成功。

了解競爭對手的虛實

在銷售過程中，常常借助提問的方式來摸索、瞭解對方的意圖以及虛實。買賣雙方都會採用這種方法，設法探知自己想知道，而對方又極不願主動提供的訊息和資料。

最高明的銷售手腕往往使得不著痕跡，卻又牽著對方的鼻子走。古往今來熟諳這種高明銷售手段的人，時常洞察機先，並了解競爭者的虛實，然後透過有效的說服，不費吹灰之力就達成自己的目的。

《戰爭論》作者克勞塞維茨曾經說過一句耐人尋思的話：「在沒有取得完全優勢的地方，你必須通過熟練的揚長避短，在關鍵之處創造出相應的優勢。」

對於銷售人員來說，熟悉對手，把握競爭優勢，是絕對必須的。因爲，瞭解競爭對手的情況，熟悉對手的弱點，方可乘虛而入。

巧妙的競爭必須先熟悉競爭對手。這就需要重視訊息的蒐集，並且懂得使用訊息進行推理，抽絲剝繭之後便能了解對手的強弱程度。

銷售人員除了從公司獲取有關的訊息外，還要在銷售工作中眼觀四面，耳聽八方，隨時隨地重視訊息的蒐集、訓練自己對訊息的分析方法。

獲取訊息的方法，會因時因地而有所不同，除了靈活應變外，還應該培養卓越的推理技巧。

例如，中國大慶油田發現之時，報紙上只簡單登了一張石油工人「鐵人」王進喜的照片，並未報導大慶油田究竟在哪裡。

但是，機靈敏捷的日本廠商卻能單憑這張照片就洞燭先機，判斷出大慶油田的所在，並且成功地向中國銷售了油井設備。

日本人看到的那張照片場景是：王進喜頭戴瓜皮帽，站在冰天雪地裡，肩上扛著鑽井設備。

他們的推測是：王進喜肩扛鑽井設備，說明油田距離鐵路不遠，因爲照片背景中的這些設備，汽車顯然無法運送，而當時中國鐵路最密集而且天候最寒

冷的地區，非東北莫屬。

就這樣，日本人很快提供出適合東北地理、氣候、運輸……等條件所需求的油井設備，並成功地銷售到了中國。

據說在同一時期，歐洲也有幾個國家向中國銷售油井設備，他們強調的是設備先進。但是，中國當時的石油工業並不急需最先進的設備，另外也沒有充裕的外匯購買價昂的設備；日本人針對歐洲對手的弱點，強調日本的設備才符合中國的實際情況和現有條件。最後，歐洲的公司當然敗在日本人手中。

在銷售過程中，也常常借助提問的方式來摸索、瞭解對方的意圖以及虛實。買賣雙方都會採用這種方法，設法探知自己想知道，而對方又極不願主動提供的訊息和資料。

例如，一家經銷商想要購買一千台電機，為了對產品的造價進行正確的估計，便要求生產廠商分別就購買五百台、一千台、兩千台進行報價。一旦廠家把價格送來，眼光敏銳的經銷商就能從中得到很多資料。廠商多數對大量交易感興趣，報價也會因交易量的增加而下降。

從這樣的報價格表中，經銷商就能大致判斷出對方的生產成本、設備分攤費用、價格政策……等等情況，只需要知道它的生產能力和實際工作情況就可。

對於廠商的供貨成本有了初步瞭解，便有利於經銷商展開折扣談判，爲自己爭取有利的價格。

熟悉敵人，也要熟悉自己

熟悉本身公司，是贏得客戶信賴的一個重要因素。銷售人員是公司的代表，能夠巧妙地回答有關公司的情況，通常能給顧客留下深刻而且良好的印象。

在商場上，「順手牽羊」是一種趁虛而入、創造和捕捉商機的謀略，常見於經驗老道的消費者。

例如，許多買主購買完主要產品時，常突然提出以較低價購買其他產品的要求，軟硬兼施脅迫對方，賣主對於顧客的要求往往不得不答應。

運用「順手牽羊」戰術，關鍵在於尋找機會，發現對方的漏洞，然後發動攻勢。例如，八〇年代初期，日本的A公司和美國的B公司之間的競爭相當激烈，由於兩者是生產同類型電子產品的國際性大公司，爲了佔領市場，都對自己有關的商業情報嚴加把關，並且採取嚴密的防範措施，在技術、生產規模、財務成本及客戶……等方面都很慎重地保密，使對手難以瞭解虛實。

當時，日本的A公司無論在技術、規模，還是在市場佔有率方面，都不如美國的B公司。不甘落後的日本人，一直在努力尋找戰勝美國公司的機會。

一九八四年，機會終於來了。日美兩國政府促使A公司和B公司簽訂了一項技術購買協定，由B公司提供一整套生產設備及技術給A公司。

開始談判時，雙方協定由B公司派員到日本，爲A公司培訓技術人員，但在正式簽訂合約時，日本方面卻藉口A公司設施不完備，要求B公司在美國爲他們培訓學員。對於這個小小的變卦，美國談判人員並未深思熟慮，在享受極其熱情的款待之時，只考慮到在經濟利益上美方已獲得了巨大的利潤，便不假思索同意了這項要求。

一九八五年，日本A公司派了大批人員前赴美國接受爲期六個月的培訓，這批技術人員的任務有兩個：一是接受技術培訓；二是打探公司的運作情況。

因爲，日本A公司知道，光靠技術與設備，並不足以戰勝對方，還必須徹

底瞭解對方的虛實。

培訓期間，日本公司的人員，不僅對美國公司的生產技術有所瞭解，而且對它的生產規模、銷售策略，甚至對其客戶情況都有相當程度的瞭解，爲後來日本公司戰勝美國公司埋下了重要的伏筆。

熟悉敵人可以搶得先機；熟悉本身公司，也是贏得客戶的一個重要因素。銷售人員是公司的代表，客戶則是從銷售人員身上證實或調整對公司的看法。

熟悉本身公司的業務狀況，對銷售有益無害。能夠巧妙地回答有關公司的情況的銷售員，通常能給顧客留下深刻而且良好的印象。

當產品屬性非常相近，其他的條件也相近時，公司的形象常是影響顧客購買與否的重要因素，而公司的形象則有賴銷售人員經營。

當心對手迎頭痛擊

一個對本身責任區域的地理環境不甚瞭解，或漠不關心的銷售人員，很容易慘遭競爭對手迎頭痛擊。

買主常常受到購物環境的影響，而決定要不要購買某種商品。因此，一個銷售員應當考慮自己所處環境，靈活運用銷售策略。能夠針對銷售環境，銷售不同或經過區隔的產品，是成功的重要因素之一。

銷售環境，包括人口環境、經濟環境、地理和人文環境、技術環境、競爭環境和政治法律環境……等等。

從人口環境來看，熟悉一個地區的總人口及其年齡構成、文化結構、居住條件和消費者的習慣、購買能力，有助於銷售員針對不同的消費族群採取不同

的銷售策略。

例如，日本「尿布大王」尼西奇公司就是透過人口普查資料找到經營思路，並成功地佔領市場的。

尼西奇公司董事長川多博從日本政府的人口普查資料中發現，日本每年都會出生二百五十萬名左右的嬰兒。這個數字給了他很大的啓示：就算每個嬰兒每年只使用兩塊尿布，那麼，每年至少有五百萬塊尿布的銷路。這是相當保守的估計，潛在的市場需求量絕對相當龐大。

從此，尼西奇公司轉而專門生產尿布。現在日本嬰兒所使用的尿布當中，每三條中就有一條是尼西奇公司生產的。不僅這樣，他們公司的產品還遠銷西歐、非洲、大洋洲、美洲……等七十多個國家和地區。

近年來，該公司銷售額每年持續遞增二十％，年銷售額達到七十億日元，成爲世界上最大的尿布生產廠商。該公司也連年被日本政府評爲「出口有功企業」，並被譽爲「尿布大王」。

而就地理環境而言，銷售人員應該是知識、常識豐富的地理學家。熟知銷售地理環境，包括銷售所在區域的地理位置、經濟狀況、氣候條件、風俗習慣、人文背景……等。

一個對本身責任區域的地理環境不甚瞭解，或漠不關心的銷售人員，很容易慘遭競爭對手迎頭痛擊。

例如，在當今的中東市場上，日本的家用電器穩占一席之地，但是，誰也想不到，三十多年前，只有在若干雜貨鋪上才能找到零星的日本家電。

一九七三年初，日本富士通公司指派佐藤泰雄到中東開發冷氣機市場。

當時，中東的冷氣機市場，由美商公司獨佔鰲頭。佐藤泰雄經過一番仔細的調查之後發現，中東地區天候酷熱、經常有含鹽分極高的海風以及沙漠塵土吹拂，這樣一來，很容易使冷氣機露在室外的部分生銹、堵塞而縮短壽命，因此，在其他地區可使用十幾年的冷氣機，在這裡不到兩三年就壞損報廢了。

然而，美國廠商卻對此視若無睹。

於是，富士通就以此爲契機，對原有的產品進行改良，使產品適合中東的特殊氣候環境。靠著優質的產品和周到的售後服務，富士通的空調機器逐步在

中東建立良好的聲譽。

連續兩次石油危機後，中東產油國一夜之間成爲巨富，對國外的高級消費品需求急劇膨脹，沙漠居民紛紛告別簡陋的帳篷和土屋，住進一定要安裝空調的房屋。此時，各國的空調廠商大舉進攻中東市場，但是除了幾家在中東經營多年的電器廠商之外，都難以與富士通競爭；石油危機使得富士通大舉擴充了中東市場的佔有率。

用心去了解自己的顧客

與顧客保持同樣的語言、習慣，以同樣的方式行事，持同樣的興趣愛好，甚至宣稱有同樣的信仰，顧客就會對你產生認同感。這一點對於建立信任感，使彼此相互理解至關重要。

美國銷售心理學專家羅伯特．德格魯特曾經這麼說：「在銷售行業，你要想成功，你就必須明白自己的產品和服務對顧客具有什麼樣的價值，你得用心去瞭解顧客。」

因爲，顧客具有支配本身貨幣的權力——買或不買；身爲消費者，他們希望自己的需求得到滿足。

瞭解顧客，應該瞭解以下三方面：一是顧客的社會階層；二是顧客的習性特徵；三是顧客的需要，或廣義上的消費者需求。

一個業績非凡的化妝品銷售員在總結自己的成功經驗時說：「我的前輩常教導我說，要瞭解化妝品的本質。化妝品不是生活必需品，而是奢侈品，昂貴的化妝品，正好可以滿足某些女性特有的虛榮心。所以，在銷售時就要多費功夫，多利用讚美的語言，讓顧客油然生起愛美之心。」

與顧客保持同樣的語言、習慣，以同樣的方式行事，持同樣的興趣愛好，甚至宣稱有同樣的信仰，顧客就會對你產生認同感。

這一點對於建立信任感，使彼此相互理解至關重要。

作為一個銷售人員，講話的方式應該靈活多變，與顧客立足於同一層次、講同樣的語言，這一點非常的重要。

顧客的一般特徵可以經由觀察和聊天中得到，這比單純地從側面打聽顧客更易於把握，但這並不是說銷售人員就可忽視其他瞭解顧客的途徑。

顧客的一般特徵包括性別、年齡、婚姻狀況、愛好與娛樂、外表以及常用物品等。就性別來說，若顧客是異性，那麼，你的交談能力就顯得更加重要。

據心理學家測試的結果，東方國家的銷售人員面對異性顧客，尤其是年輕美貌的異性顧客都會感到拘謹，這可能是某些傳統的觀念使他們不能輕鬆自如地進行交談所致。

其實，與異性顧客打交道，重要的是不能隱藏任何一種感受到的情感。

就年齡而言，若顧客的年齡較小些，你就應盡自己的經驗做到對他有所助益，幫助他並獲得他的尊重。

顧客的婚姻狀況，對你如何介紹產品的用途是一個有用的訊息，因爲，幾乎每一類顧客都會根據個人或家庭的需求，來衡量你所銷售的產品或提供的服務是否適用。面對已婚的顧客，在銷售的每一個階段，都應盡可能地把顧客夫婦雙方都考慮在內。

要推銷東西，先推銷你自己

作　　者　易千秋
社　　長　陳維都
藝術總監　黃聖文
編輯總監　王　凌
出 版 者　普天出版家族有限公司
新北市汐止區康寧街 169 巷 25 號 6 樓
TEL / (02) 26921935 (代表號)
FAX / (02) 26959332
E-mail：popular.press@msa.hinet.net
http://www.popu.com.tw/
郵政劃撥 19091443 陳維都帳戶
總 經 銷　旭昇圖書有限公司
新北市中和區中山路二段 352 號 2F
TEL / (02) 22451480 (代表號)
FAX / (02) 22451479
E-mail：s1686688@ms31.hinet.net
法律顧問　西華律師事務所・黃憲男律師
電腦排版　巨新電腦排版有限公司
印製裝訂　久裕印刷事業有限公司
出 版 日　2019 (民 108) 年 12 月第 1 版
ISBN◉978-986-389-694-4　　條碼 9789863896944

國家圖書館出版品預行編目資料

要推銷東西，先推銷你自己 /
易千秋著.—第 1 版.—：新北市,普天出版
民 108.12 面； 公分. - (溝通大師；53)
ISBN◉978-986-389-694-4 (平裝)

溝通大師

53

普 天 之 下 · 盡 是 好 書
普天出版家族
Popular Press Family
凌雲 A-Plus Creative Company 文創